ネコ先生が

やさしく教える
起業の
やり方

中野裕哲

はじめに

　ここ十数年で、起業を取り巻く環境は大きく変わりました。株式会社を作るには最低1000万円の資本金が必要でしたが、今は小資本でも株式会社を設立できるようになりました。コワーキングスペース（共同で使用できる仕事をする場所）を利用すれば設備費もほとんどかからず、SNSを使えば広告費もほぼゼロです。法律、環境、コスト面などで、追い風が吹く時代になったと言えるでしょう。

　さらに特筆すべきは副業解禁の流れです。以前は規制の厳しかった大企業が副業に対して寛容な姿勢へと切り替えています。

　背景にあるのは、政府が後押しする働き方改革。

　個々人が能力をフルに活かして自立的に働く方向へと導く政策を推し進めているのです。企業にとっては負担減、個人にとってはリスクヘッジになります。

　会社員か起業かの二者択一から、起業を視野に入れた副業という「第三の道」ができたわけです。

　副業としてスタートし、うまくいかなければ会社員1本に戻るもよし。そのまま二足のわらじをはき続けるもよし。可能性が見えてきた時点で本格的な起業に踏み出すもよし。人生を賭けなくても「おためし」でチャレンジできる環境が整い、慎重派の方も取りくみやすくなったと言えるでしょう。

　このように誰でも起業や副業を意識することができる時代。これから先の人生をより充実したものにするために、本気で起業や副業を考え、私のところへ相談に見える方が増えています。それも会社員だけでなく、学生や子育てを終えた主婦まで、幅広い層の方が。

そんな方を意識して、忙しく時間がない中で、まずは起業に関する基本的な知識をスッと頭に入れることができるように、ということで生まれたのがこの本です。多彩な人物達が繰り広げる会話の中に重要な最新情報をちりばめています。

　これからの人生の選択肢を拡げるために、ぜひご一読ください。あなたの人生を最高のものにする、その一助になれば幸いです。

起業コンサルタント®、税理士
特定社会保険労務士、行政書士、CFP®
中野 裕哲

もくじ

はじめに …………………………………………………………… 3

登場人物 …………………………………………………………… 8

第1章 ## 起業の現実は厳しい ………………………… 11

・起業して3年経って生き残れるのはどれくらいか

第2章 ## そもそも、どんな事業をする？ …………… 21

・どんなジャンルで起業するか考える

・自分の強みは何だ

・「誰に」提供するのか

・「何を」提供するのか

・「どのように」提供するのか

・許認可が必要な事業とは

第3章 ## どこで、どんな組織で経営する？ ………… 49

・個人事業にするか、株式会社にするか

・個人事業と株式会社それぞれのメリット/デメリット

・オフィスにはどんな形態があるのか

・オフィスそれぞれのメリット/デメリット

第 4 章 よく覚えとけ お金は大事！ ·················· 65

・自己資金はどのくらい用意すればいいのか

・資本金はいくら必要か

・創業融資制度とは

・融資の審査基準

・助成金と補助金の種類

第 5 章 集客がお留守だと間違いなくつぶれる！ ··· 113

・オンライン集客を考える

・ＳＮＳの有効な使い方

・Webサイトへの流入を増やす方法

・オフライン集客を考える

第 6 章 誰に協力してもらうかがカギになる！ ······ 137

・自社に協力してもらう人はどのような形態か

・税理士などに協力してもらう

・社員を採用する方法

・雇用するときにかかる経費

第 7 章 リスクを回避しないと続かない！ ············ 165

・家族を説得できたか

- 健康面の不安はないか
- 事業をひとつに絞りすぎない
- 資金繰りを考えておく
- 万が一のときのために保険に加入する

第8章　大事なのは準備と行動 ……………………… 197

- 経営はヒト、モノ、カネ、情報
- 起業1年前からの準備例

ニャン吉先生から読者のみなさんへ ……………………………216

○カバーデザイン　　　西垂水敦・市川さつき（krran）
○カバー・本文イラスト　坂木浩子（ぽるか）

● 登場人物 ●

ニャン吉先生(ネコ)10歳 オス
普段は東京の代々木公園の植え込みにある「家」をねぐらにしているが、夜はエサを求めて、近くのオープンカフェあたりに現れる。
見た目は普通のネコだが、実は起業支援歴7年。
人間には見えない裏の世界「ネコ界」では、「ニャップル」の創業者スティーブ・ニャブズなど多くの成功起業家を輩出し、カリスマ起業支援家として知られた重鎮である。
口は悪いが情に厚い情熱家。ついてくる弟子にはノウハウや考え方をとことん教え込む。

田中 良太(りょうた)35歳 男
大学を出てなんとなく就職した会社で働くサラリーマン。周りを見渡せば、同年代で転職をする人、起業をする人、副業をはじめる人など、みんな変化のあることをしている。自分はこのまま、毎日家と会社の往復を続けていけばいいのか、正直、迷いもある。
コツコツと貯めた300万円を元手にして何かの事業で独立・起業を夢見るが、最初の一歩をなかなか踏み出せずに早5年。特にやりたいことが決まっているわけでもなく、いつものサラリーマン生活を過ごしている。

長谷川 剛司（たけし）40歳 男
高卒で飲食畑一筋。イタリアンの名店で店長を務める。

名店を渡り歩き、ホールもキッチンも店舗管理もひととおり経験した腕のある「THEたたき上げ」。部下やアルバイトには時に厳しく、時にやさしく、みんなに慕われている。常連客にも彼のファンはいっぱい。

ブラック企業も多いこの業界から飛び出し、お客様も従業員も、関わる全ての人を幸せにするようなカジュアルイタリアンを開業したい。ただし、今までの給料があまりにも少なく、貯金は80万円。

宮田 修平（しゅうへい）55歳 男
大手企業の部長。安定志向でこのまま定年まで勤めるつもりである。

ただ、定年後に年金だけで暮らしていけるかどうは不安。であれば、今から準備を進め、定年後には小さいながらも自分の城を構えて起業しようかという思いがある。その準備も兼ねて、まずは解禁された副業からはじめることができないかと模索中。

山本 令佳(れいか)28歳 女

誰もが知っているIT企業に勤めるバリバリのキャリアウーマン。Web集客の仕組み作りを得意とし、近い将来、独立して自分の会社でサロン系のWebアプリを世に出すことを目標としている。ただ、あまりにも仕事が忙しく、起業準備をはじめることができず何も実現できていない。
がんばって貯めたお金は500万円ほどある。

澤山 静香(しずか)43歳 女

大学を卒業して大手銀行でOLをしていたが、入社2年後に同級生との結婚をきっかけに退職。2人の子どもを授かり、子育てに専念していたが、その子ども達ももう中学生。手が離れたため、以前から関心があった独立・起業を考えている。
プランとしては、趣味で教えていたフラワーアレンジメントの教室。どこかに場所を借りるか、リスクを避けるために自宅でするか……。

第1章

起業の現実は厳しい

東京の代々木で行われた初心者向けの2時間の「起業セミナー」。
起業についてなんとなくのイメージがわかり、希望に満ちて参加者たちは帰路につこうとしていた。

　建物の出口で、一人の呼びかけに呼応した4人が飲みに行くことになり、代々木公園にほど近いオープンカフェへ。

　みんな、今日はおつかれさま〜。カンパーイ！！

  カンパーイ！

　いやぁ、ウマい！
セミナーのあとのビールは格別だね。
あ、みなさん、よろしくね。
ところでさ、みんなは近々、起業する予定があるの？

　オレはさ、飲食店で開業することを目指していてさ、もう物件探しもはじめているんだ。

　物件探しも！？
かなり具体的なところまで進んでいるんだね。

　私もあと1年以内には起業しようと考えていてね。
事業計画書を書きはじめようと思っているところ。

第1章 起業の現実は厳しい

わぁ、みんなかなり本気なのね。
私の場合は、趣味の延長っていう感じなんだけど、
なかなか進まなくて。

ボクもなかなか進まないところ。
何から手をつけていいか、全然わからなくて。
あと、そもそも何で起業するか、決められなくてさ。

なんか、儲かるビジネス、知らない？（笑）

おまいら、甘い……。

何か、聞こえたぞ。誰だ？

誰もいないけど。

そこのネコちゃんだったりして。

まさかぁ。ネコがしゃべるわけないよな。

**おまいら、甘いって言ってるニャ！
起業はそんなに甘くないニャ！！**

わぁ！！ しゃべったぞ。コイツ。なんだ？ なんだ？

13

ロボットじゃないですか？

違うニャ！ ワシは「ニャン吉」。

 ウワッ！ 本物のネコだ！！

これが名刺だ。おまいらにやるぞ。

株式会社ニャンダ企画

起業コンサルタント®
ニャン田 ニャン吉

 Mobile 090－××××－○○○○

nyanda@nekobatu.com

■自己紹介
人間の時間感覚なら、起業支援歴7年。
人間には見えない裏の世界「ネコ界」では、あの「ニャップル」の創業者スティーブ・ニャブズなど多くの成功起業家を輩出し、カリスマ起業支援家として知られた重鎮なのニャ。

第1章　起業の現実は厳しい

あ、どうも。
って、え〜〜〜〜〜。
すげぇ。ネコが名刺持ってる！

おまいら、さっきから聞いていれば、甘いニャー！！
起業を舐めるにもほどがある。黙ってはおれん。
今日はワシがおまいらに起業の現実を特別に教えて
やる。

え?!　何言ってんだ。
ネコに人間の起業なんて、教えられるのか？

そうですよね？
本当に教えられるんですか？

疑うのも無理はないか……。
ネコ界でも人間語をマスターしているのは、
ワシくらいなもんだからな……。

でも、名刺見るとすごい経歴じゃない。
おもしろい経験だし、いろいろ教えてもらおうよ。

そうね。そうしましょう！
ネコちゃんよろしくね。

15

素直でよろしい。
よかろう。これからたっぷり教えてやる。
男性諸君もちゃんと聞くんだぞ！

うん。ニャン吉先生って呼ぶね。

ところで、おまいら。起業した会社が
3年後にどれだけ生き残れるのか、知ってるか？

たった3年でしょ？ それだったら、9割くらいかな？

いや、もう少し少ないでしょ。7割くらい？

おまいら、甘いニャー！！
耳かっぽじってよく聞いとけ。

ワシが今まで見てきた経験からすると、
起業して3年経って本当に生き残れるのは
だいたい半分だけ。
起業は、それほど厳しい世界だ。
まずは十分に認識せニャあかん。

その勢いだと、10年後には数％になっちゃうじゃん。
実際そうなの？

第1章 起業の現実は厳しい

そんなこともないぞ！
この表を見ろ。

■起業する人が100人いるとしたら……

	廃業など	生き残り
1年目で廃業	25% (25人)	75% (75人)
2年目で廃業	25% (18人)	75% (57人)
3年目で廃業	25% (14人)	75% (43人)
4年目以降	廃業率は低めに落ち着く ⇒事業は安定軌道に乗ったと言える	

3年生き残った会社の廃業率は低めに落ち着くんだ。
いわゆる事業が軌道に乗ったという状態だな。
まずはここを目指すのだ。

そんなに厳しいのかぁ。
じゃあさ、その人達が失敗してしまう原因は何なの。

ひと言で言うと**準備不足**だ。
起業を舐めていたヤツらとも言い換えられる。

耳の痛い話ね。実はね、今日のセミナーを聞いてみて、思ったことがあるの。
起業することについて、
ポジティブな話って多いじゃない？
儲かるとか、大丈夫とか。

でも、やっぱり不安だし、
まだまだ知らないこともたくさんあるって思うのよ。

そうだよな。わかるよ。
できる限り不安な要素を減らしてから一歩を踏み出すのが理想だよな。

あ、そうだ！ ねぇ、ニャン吉先生。
今までずっとネコ界で起業支援をしてきたんでしょ。
だったら、ボクらにも実際の起業支援をしてよ。

しゃーニャいな。ネコ界も人間界も、基本は同じだ。
これからたっぷり教えてやるから、
おまいらしっかりついてこい。

うん！よろしくね！

第1章 起業の現実は厳しい

ココだけは覚えとけニャ！
第1章のまとめ

① 起業して3年経って生き残れるのは半分くらい
② 3年生き残れば、事業が軌道に乗ったと言える
③ 起業に失敗する原因はひと言で言えば、準備不足
④ 起業に関する表面的ないい話に流されない
⑤ 起業は甘くないから不安要素を減らしてから一歩を踏み出す

起業準備　行動チェックリスト

☐ 起業の厳しさを認識できたか
☐ 起業に関する情報収集と準備が不足していないか現状確認できたか
☐ 起業に関する都合のいい話に振り回されていないか自己確認してみたか
☐ 不安要素を減らすために、どうするべきか考えたか

ニャン吉先生のコラム

■起業が怖くなったら、発想を変えてみろ

　はじめにこれだけ厳しい話をしたら、起業するのが怖くなったかな？ でも、そんなに恐れることはないぞ。

　ワシが今まで3000人以上の起業家の相談に乗ってきて、本当に

破産するほど起業に失敗したという事例は5人ほどしか知らない。起業して廃業する人といっても、大部分の人は、そのまま転職活動をして、普通の会社員に戻るだけだ。中には何度も失敗して会社をつぶしても諦めず、4度目の起業で上場を果たしたという事例もあるぞ。要は、何ごとも恐れすぎないことだ。

　借金が残ったらどうするの？という心配もあろう。

　でも、会社員をやっていても、車を買うのに300万円くらいのローンを組むこともある。家を買って3000万円の住宅ローンを組むことだってあるよな。

　例えば、起業に失敗して300万円の借金が残ったとしても、月の返済は5万円くらいだぞ。破産なんかしなくても、働きながら返していくことだって十分にできるだろう。

　逆に、このまま会社員を続けて安泰なのか、あるいは定年後に年金だけで生活できるのか。起業しないという選択肢を選んだ場合、絶対に安泰だと言えるだろうか。これを機に考えてみるべし。

　何より、やりたいことがあるのに、やらずに後悔すること自体がリスクにはならないだろうか。一度の人生、後悔せずにやりたいことをやることをおすすめする。

　起業すれば、エキサイティングな人生が待っているぞ。思い切り人生を楽しむんだ。

第2章

そもそも、どんな事業をする？

おっほん。早速はじめるぞ。
まず考えなきゃいかんのは、自分がどんなジャンルで起業するかだな。
おまいら、一人ひとり、発表してみろ。

オレはイタリアンの店を持ちたいんだ。そのために今までずっと飲食業界で修行してきたからな。

私はまだ、ハッキリしてないんだ。でも、趣味の延長線上で収入になればいいと思っているの。

ボクも迷ってるんだ。
何がしたいのかな、何が向いてるのかなって。

私はもう決まってるよ。世の中を変えるようなWebサービスをリリースしたいの。

私はね、定年後に小さく起業することを考えていて、それまでは副業ではじめられないか模索中なんですよ。内容はまだ決まってないんですけどね。

うむ。おまいらのやりたいことは、だいたいわかった。
ただ、決まっている人も、
まだはっきり決まっていない人も、
一度、立ち止まって考えるんだ。

第 2 章　そもそも、どんな事業をする？

図を作ったから見ろ。
① 社会が求めていること
② 自分ができること
③ 自分がしたいこと
この 3 つが重なったところで起業しようとしているかを深く考えることが重要だ。

なるほど。

3 つ重なったからといってそれでいいというわけじゃない。数字的なアプローチに置き換えたときに、問題がないかを検証することも大事だ。

① 社会が求めていること

② 自分ができること　　③ 自分がしたいこと

④ 数字的なアプローチで問題はないか検証

①「社会が求めていること」というのは、
ひと言で言えば「ニーズがあるか」。

「こんないいものが売れないわけがない！」
という思い込みじゃダメだ。
「売ってください！」とお客様に言われるかどうかだな。

そう言われると、私が提供しようとしている
サービスは本当に需要があるのかな？
ちょっと不安になってきた。

それでいい。そう思うことが大事だ。
ニーズについて、まずはざっくり調査をすること。
周りの人や専門家に聞いてみたり、街を歩いたり、
ネットやニュースに敏感になったり、
全部やってみる。
ココの視点が欠けると起業しても必ず失敗するぞ。

なかなか自分じゃ、わからないかもなぁ。

肝に銘じておいて欲しいのが、
「マーケットイン」と「プロダクトアウト」
という考え方だ。

■ マーケットイン
　まず市場のニーズを捉え、それに合った商品・サービスを提供していくという手法。

第 2 章　そもそも、どんな事業をする？

■ プロダクトアウト
　売り手側が売りたいと考える商品・サービスを市場に提供していく手法。

「こんなに素晴らしいサービスなのだから、
世間に受け入れられないはずがない」
なんていう考えだけになっていたら要注意だ。

なるほど。なるほど。
客観的に分析してみることが大事なんだな。

さらに深く考えておきたいのは、USP だ。

ゆーえすぴー？！

Unique Selling Proposition の略だ。

■ USP
　「自社の商品・サービスのみが持つ、独特な強み」。どうして、その会社から買う必要があるのか、他社ではダメなのかということ。

もし、商品・サービスに特徴がなく、価格だけが
お客様から選ばれる条件だとしたら、弱すぎる。
「売ってください！」とお客様から言われるような
商品・サービスを徹底して考えておくことが重要だ。

「売ってください」かぁ。
なかなか難しいけど、考えてみよう。

で、**次に考えるべきことは
②「自分ができること」かどうか。**

でもさ、できることだから起業するんじゃないの？

自分一人ではできないけど、誰かに手伝ってもらったらできるってこともあるんじゃないか？

そうニャ。
さらに言うなら、**「誰にも負けない得意なこと」で
勝負しようとしているか、**
ここで起業するのが長続きする秘訣だ。

そうかぁ。誰にも負けないことかぁ。

第2章 そもそも、どんな事業をする？

ふむ。起業すれば競争だ。ライバル企業に勝ち続ける必要がある。その戦いに負けないためには自分の得意分野は何かを深く自覚せニャあかん。

自分の得意なことって、意外と自覚ないかもしれないわね。

そこでだ。こんな表に書き出してみるのだ。
名づけて「自分の棚卸し」表だ。
おまいら、これ書いてみろ。

「自分の棚卸し」で強みを発見しよう
（自分について各項目を書き出してみよう）

経験してきたこと ・ ・ ・	属性（性別、年齢、性格、資格等） ・ ・ ・
	自分が できること （　　　　）
持っている人脈 ・ ・ ・	その他（好きなこと、趣味、特技等） ・ ・ ・

27

例）

■ 経験してきたこと

・長年の飲食店での経験により、ホールも厨房も店舗管理も
ほとんどのポジションを経験した

・接客の際の笑顔だったら誰にも負けない

■ 属性（性別、年齢、性格、資格など）

・50代になった今、山あり谷ありの人生を歩んできた

・働きながら子育てを経験してきた。同じような女性の立場、
気持ちはよくわかる

・社会保険労務士の資格を持っている

■ 持っている人脈

・前職のときの取引先が応援すると言ってくれている

・なかなか手に入らないホルモンを仕入れるルートがある

・出資してくれるという人がいる

■ その他（好きなこと、趣味、特技など）

・食べ歩きをしたラーメン屋は今まで500店舗。情報なら誰
にも負けない

・宴会を盛り上げるのは得意で宴会部長と言われていた

・人に何かを教えるのが好きだ

第2章 そもそも、どんな事業をする？

うん。やってみる！

そして、最後だ。
本当にそれが③「自分がしたいこと」なのか。

「今」儲かっていそうな業界というだけで
飛びついて失敗した例は山ほど見てきた。
長く経営を続けていれば、
うまくいかないときもあって、くじけそうになる。
でも、本当にやりたいことで起業すれば、
そんなときでも続けられる。
おまいら、この3つをよく考えるんだぞ！

わかった。じっくり、考えてみるよ。

さらにもうひとつ説明しておかねばならん。
おまいら、さっきの図（23ページ）をもう一度、よく見てみろ。
④「数字的なアプローチで問題はないか検証」と書いてあるだろ。

うん。たしかに書いてある。

例えばな、この表のとおり、①社会が求めていること、②自分ができること、③自分がしたいことの3つが重なるビジネスで起業する。
で、結果、お客様に大人気の繁盛店になったとするぞ。
でも、その理由が、他店に比べて半分の値段というコンセプトだからだとしたらどうかな？
売れば売るほど、赤字の垂れ流しなんだぞ。

うわ、それはダメだね。
長続きしないのでは？

そうニャ。
いくら3つが重なるところで起業したとしても、数字の面できちんと計算されていないと問題が生じる。
途中で資金が足りなくなることも避けなきゃならん。

数字的アプローチとしては、どんなことを考えておけばいいかな？

うむ。ざっくりと、まずはこんな基準に当てはめてみたらいいぞ。
これに当てはまるようなビジネスであれば、継続的に発展拡大する確率は高いと言える。

第 2 章　そもそも、どんな事業をする？

■ ビジネスモデル選択の基準

- □ 粗利率は高いか、低くても圧倒的に多売することが可能か
- □ 元手がかからない割に儲かるビジネスか
- □ 在庫を持つリスクが少ないか
- □ 世間に対して強烈なプロモーションが可能な要素があるか
- □ 他社と差別化できるか
- □ 人件費はかかりすぎないか
- □ 出資や創業融資でカバーできないほど初期投資が必要ではないか
- □ 安定して返済に回せるような安定した利益を上げられるか
- □ あまりにも景気や流行に左右されるようなビジネスではないか
- □ 参入タイミングは遅すぎないか
- □ 簡単に大手企業にマネされないか

なるほどなるほど。深いね、コレ。
こういうことも考慮に入れてみるよ。

ここまで、ざっくりとジャンルを決めてきた。
次はもっと「何をやるか」を絞っていくぞ。

(1) 誰に
(2) 何を
(3) どのように売るか

この 3 点について、とことん突き詰めて考えるんだ。

それぞれ、具体的にしていくってことね。

まず（1）「**誰に**」。
ターゲットをきちんと「絞り込む」ということだ。
おまいら**ペルソナ設定**って聞いたことあるか？

 いや〜。知らない。

 あぁ、ペルソナ設定ね。
仕事でWebサービスを立ち上げるときに使うよ。

さすがだな。じゃあ、そのまま説明してみろ。

 自社の製品、サービスを使う人を
より具体的にイメージするために、
**たった一人の人物（または1社）をイメージできる
までにプロファイリングしてみること**でしょ。

そのとおりだ！ 代わりに説明してくれると楽だな。
刑事ドラマで犯人を推論するシーンがあるな。
あれと同じ感じだ。
これを「ペルソナ設定」と言うのだ。

第2章　そもそも、どんな事業をする？

■ **男性向けの脱毛サービスをはじめようとする場合（例）**
　○ ヒゲが濃くて悩んでいるEさん（36歳男性）
・東京新宿の高層ビルにある総合商社に勤務
・自宅は東京郊外の八王子
・独身、実家暮らし
・朝の支度では電気カミソリでの処理に毎日5分はかかっている
・夕方には青ヒゲとなるため、会社のデスクには電気カミソリを常備
・最近はじめた婚活で、会社帰りにパーティに参加するとき、ヒゲが濃いのがコンプレックスになっている

このようなペルソナ設定を考えてみるということだ。

 あぁ、そういうことかぁ。

 なるほど。ターゲットをはっきりさせれば、やりやすいってことね。

そうニャ。
例えば、出店場所を決めるにしても、
サービス内容や価格を決めるにしても、
ホームページを作るにしても、
ペルソナを設定しておけば、それに合わせたものを
設計していけばいいのだ。

法人相手だったら、どうなりますか？

理屈は同じだ。これを参考にしろ。

■ **個人がターゲットだとしたら**
- どこに住んでいる？
- 何歳くらい？
- 性別は？
- どこに通勤している？
- どんな職業？
- どんなことに関心を持っている？
- どんな家族構成？
- どんな趣味を持っている？
- どんなことに共感する？
- どんな悩みや不満を抱えている？
- どんなことを実現したい？ など

■ **法人がターゲットだとしたら**
- どこにある会社？
- 業種は？
- 従業員数は？
- 平均年齢は何歳くらい？
- 資本金は？
- 社長は何歳くらい？

第 2 章　そもそも、どんな事業をする？

- 創業社長？ 2代目？
- どんなことが経営課題？
- どんなことを実現したい？
- それに対してどのくらいの予算がある？　など

なるほどなぁ。飲食店でも、ちゃんとペルソナ設定したほうがいいかもな。

どの業種でも一緒だ。しっかり取り組め。
メインターゲットの他に、
サブターゲットくらいまで想定しておけば、
絞りすぎるってこともなく、いい感じになる。

うん。考えてみるよ。

次に（2）「何を」だ。
どんなものをいくらで提供するのか
ハッキリと決めること。

これ、大事なところよね。よく聞いておかなきゃ。

その前に！
おまいらにひとつ認識しておいて欲しいことがある。
世の中にあるビジネスを突き詰めて類型化すると、必ず、以下 7 つのどれかに当てはまると言われている。

■ **7つのビジネス**
- 仕入れて売る
- 作って売る
- 貸す
- 代行する
- 教える
- 施す
- もてなす

おー、なるほど！ そうかもな。

で、ある商材があったとして、
それを「貸す」のか、「仕入れて売る」のか、
あるいはその商材の使い方を「教える」のか、
を考えろ。

そういうことね。わかりやすいわ。

それだけじゃない。さらに！
例えば、「仕入れて売る」こともしつつ「貸す」。
「教える」こともしつつ「代行する」というように
複数を並行することも考えられる。

そうね。並行して提供することもできるわね。

第2章 そもそも、どんな事業をする？

そして、さらに！
最初のうちは資金がないため「代行する」けれども、
資金ができた時点で「仕入れて売る」など、
時間軸を加えて考えることもできる。

おぉ、すげぇ。さすがネコ界のカリスマ！

まぁニャ〜。
それから、もうひとつ、もっと深く考えて欲しいこと
がある。
おまいら**「提供価値」**って聞いたことあるかニャ？

ていきょうかち？！ 聞いたことないよ〜。

じゃあ、質問を変える。
アパレルのセレクトショップは、
お客様に何を提供してる？

服とか、靴とかでしょ？

コンビニはどうだ？

それは、いろいろですよ。
おにぎりに、飲み物、お菓子、あとは雑誌など。

37

正解を教えてやるから、耳かっぽじってよく聞け。
たしかに売っているものは服だったりするけど、
本質的に見ていったら、
セレクトショップで売ってるのは「センス」だ。

センス！ あぁ、そういう見方をするのね。

たくさんの服の中から自分では選べなくても、
セレクトショップに行けば
センスのいいものばかりそろってる。だから行く。

なるほどねぇ。勉強になるわ。

コンビニはというと、その名のとおり、「便利さ」だ。
こういうのを「提供価値」って言う。

あぁ、なるほど！！
目に見える商品やサービスの奥にある
「本質」ってことだね。

そうニャ。起業するなら、**自分が提供しようとしている商品やサービスの「提供価値」を深く考えておかなければならない。**
お客様が欲しいのはどんなものか、深く考えるんだ。

第 2 章　そもそも、どんな事業をする？

うーむ。奥が深いなぁ。もっとよく考えてみよう。

さて、最後、(3)「どのように」だ。
どうやって集客して、どうやって売るかを
具体的にイメージしてみる。

ネットで売るか、対面で売るか、みたいなこと？

そうニャ。それをもっと具体的にだ。
例えば、集客方法だと、こんなのが代表的なものだ。

■**オンライン集客**
　自社ホームページ／ポータルサイト／SNS／SEO／
　リスティング広告

■**オフライン集客**
　口コミ・紹介／代理店制度／手撒きチラシ／
　ポスティング／フリーペーパー

さらに集客できたお客様に対して、
どんな風に売っていくかも考えなければならない。

わぁ。なんか急に難易度が高くなってきたなぁ。

でも、すごく大事なところよね。
お客様が来てくれないと、売上が上がらないし、
事業が成り立たないもんね。

そうニャ。大事なところだぞ。
あとでもっと詳しく解説してやるから、
まずはおまいらの考えをざっくり書き出してみろ。
「具体的に」 書き出してみるんだぞ！

	具体的イメージ	例
誰に		・30～40代の男性 ・ビジネスパーソンが中心 ・関東近郊在住
何を		・会社設立、融資・補助金、税務会計、労務、許認可などの支援 ・集客やマーケティングのアドバイス、人脈紹介まで行う
どのように		・窓口1つで総合サポートを提供 ・起業家が負担しやすい価格帯 ・無料相談も実施 ・集客はWeb中心

第2章　そもそも、どんな事業をする？

あと、さっき「何を」の部分で言い忘れたけどな、
必ずしておきたいのが、**許認可の確認**だ。

許認可ですかぁ。
でも、それって一部の業種だけの問題でしょ？

そんなこともない。
仮定したビジネスモデルが気づかぬうちに
許認可が必要なものになってしまう場合もある。
そこで、代表的なものを表にしておく。
先に進む前に、必ず専門家に確認しておくと安心だ。

そうねぇ。
知らない間に違法なことになっていたら怖いわね。
ありがとう。

	役所	種別	定款の事業目的記載例
飲食業	保健所	許可	「●●レストランの経営」、「インターネットを利用できる喫茶室、飲食店の経営」など
不動産業	都道府県（または国土交通大臣）	免許	「不動産の売買、仲介、斡旋、賃貸及び管理」、「オフィスビル、マンション、アパート等不動産の管理、賃貸、売買、仲介並びにコンサルティング」など
人材紹介業	都道府県労働局	許可	「職業安定法に基づく有料職業紹介事業」など
人材派遣業	都道府県労働局	許可または届出	「労働者派遣事業法に基づく労働者派遣事業」など
美容業	保健所	届出	「美容院の経営」など
理容業	保健所	届出	「理容院の経営」など
旅行業・旅行代理店業	運輸局、都道府県	登録	「旅行業法に基づく旅行業及び旅行業者代理業」など
貨物自動車運送業	陸運支局	許可	「一般貨物自動車運送事業、特定貨物自動車運送事業及び貨物軽自動車運送事業」、「引越作業の荷物の梱包、解梱及び入出荷業務の請負」、「一般貨物自動車運送事業及び貨物運送取扱事業の仲介」など
クリーニング業	保健所	届出	「クリーニング業及びその商品の配送業」など
中古品売買	警察署	許可	「●●の買取り、販売」、「古物の売買業」など

第 2 章　そもそも、どんな事業をする？

さて、もうこんな時間だ。
おまいら、今日のところはここまでだ。
煮詰まって頭の中はぐちゃぐちゃだろうからな。

うーん。たしかに。
いきなり情報が盛りだくさんで、げんなりしてきた。

こんなことで、へこたれてどうするニャー！
まだまだ先は長いぞ。

そうね。がんばりましょう！
私たちの夢を実現するために。

いいぞ！　その調子だ。
今後、おまいらといつでも連絡がとれるように、スマホアプリ「NYAINE(ニャイン)」でグループを作るぞ。
人間とネコがコミュニケーションをとれる世の中を目指し、ワシが密かに開発を進めてきたスマホアプリだ。

すげぇ。そんなことまでやっているのか。

OK！　やってみる。ちょっと待って。

インストールできたかニャ?
そのあと、ワシに友達申請するんだぞ。

OK! 申請したよ。

これでおまいらといつでも連絡がとれる。
「起業プロジェクト」っていうグループも作ったぞ。

うんうん。グループできてる。
みんなよろしくね。

それでだ。
今後は、毎週日曜日、代々木公園にみんなで集まって
ワシが授業をしてやるというのはどうニャ?

もちろん、大丈夫よ。
みんな、大丈夫よね?

うん、大丈夫!

それと、おまいら事業計画書を書いてワシに送れ。

え〜、事業計画書?! 仕事忙しくて時間ないからなぁ。

第2章　そもそも、どんな事業をする？

ばっかも〜ん！ そんなことでどうするんニャー！
起業を決めたら、綿密な構想をし、事業計画書に
落とし込むのは、当然やっておくべきことニャー！

どんなフォーマットの事業計画書を選べばいいの？

数年単位で記入するような事業計画書じゃなくて、
**起業後1年間のことを月ごとに記入できるような
「起業に特化した事業計画書」を書くこと**が大切だ。

起業後の1年間をどうやって生き残るかが
大事だからな。
あとで、ワシから事業計画書のフォーマットを送る。
それぞれ、書けるところから書いてみろ。

書かないとどうなるの？

必ず書いたほうがいい。
事業計画書を書くことで、頭の中を整理して、
準備段階で抜けのない計画を立てることができる。
あと、その事業計画書は、融資や補助金の申請時に
活かすこともできるぞ。

うん！ がんばってやってみる。

45

※創業融資にも使える「起業に特化した事業計画書」は、著者のホームページにて無料でダウンロード可能（巻末参照）

ココだけは覚えとけニャ！
第2章のまとめ

① 起業する分野は、「社会が求めていること」・「自分ができること」・「自分がしたいこと」の3つの円が重なったところで決める

② さらに数字的なアプローチで問題ないかを検証する

③ プロダクトアウトではなく、マーケットインで考えるクセをつける

④ USPを理解し、「売ってください」と言われるか考える

⑤ 自分の棚卸をして「誰にも負けない得意なこと」で勝負する

⑥ 本当にやりたいことで起業すれば長続きする

⑦ 誰に、何を、どのように売るか、突き詰めて考える

⑧ ペルソナ設定をして、ターゲットをはっきりさせる

⑨ ビジネスの7つの類型に当てはめて考える

⑩ 時間軸も含め、複数の類型を組み合わせて考える

⑪ 「提供価値は何か」を考えるクセをつける

⑫ どうやって集客して売るのかを具体的にイメージする

⑬ 許認可について調査し、専門家などに必ず確認しておく

⑭ 起業に特化した事業計画書を必ず書く

第2章　そもそも、どんな事業をする？

 起業準備　行動チェックリスト

☐ 自分の構想を3つの円と重ねてみたか
☐ プロダクトアウトかマーケットインか自己確認してみたか
☐ 自分のビジネスのＵＳＰを認識してみたか
☐ 自分のビジネスの提供価値は何か、言えるか
☐ 自分のビジネスのニーズについて調査したか
☐ 本当にやりたいビジネスか自問自答してみたか
☐ 誰に、何を、どのように売るか、書き出してみたか
☐ 許認可が必要かどうか、確認できたか
☐ 起業に特化した事業計画書を書いてみたか

ニャン吉先生のコラム

■誰にでも得意なことはあるニャ

「誰にも負けない得意なこと」で起業しろと言われて、「いや〜、自分にはそんな特技はないよ」と思った読者も多いだろう。

でも、それって本当だろうか。

中には、文字どおり誰にも負けない得意なことで起業する者もいる。ワシが支援した起業家で「自衛隊流トレーニング」を売りにするスポーツジムで起業した事例がある。珍しいこともあり、メディアに取り上げられたり、遠くから通う会員がいたりと、大繁盛している。

彼の場合、「自衛隊の教練教官」という前職での経験がある。誰に

も負けない得意なことで起業した好事例だと言えるだろう。

　別の支援事例では、50代の独身男性が行政書士の資格を取ったことを機に、「50代独身男性」の老後や終活に焦点を当てて、そうしたことを支援する行政書士として活躍している者がいる。「50代独身男性」というだけの条件だったら、ある意味、誰でも当てはまる可能性があるのではないだろうか。

　洋服が大好きな女性が、センスを活かしてパーソナルコーディネーターとして活躍している事例も多いぞ。洋服選びが苦手な人を対象に、買い物に同行してアドバイスをしたり、クローゼットの中にある洋服を活かしてコーディネートを考えたりするビジネスだ。

　いろいろと考えてみれば、自分自身にも眠った可能性があるかもしれない。これを機にじっくりと考えてみて欲しい。
　本文に掲載した表（27ページ）のようなカタチで書き込んでみるのがオススメニャ。

第3章

どこで、どんな組織で経営する？

ニャン吉先生に指定された代々木公園の一番奥にある大きな広場。都会の喧噪とはほど遠く、静かな環境だ。ランニングをする人のスニーカーが地面を捉えるときのかすかな音だけが響いている。

みんなおはよう！

おはよう！

へぇ、ニャン吉先生、すっごくいい環境に住んでいるんだな。
きっと、ネコ界ではセレブが住む場所なんだろうなぁ。

（にゃーーー）

お、来たぞ！

ニャン吉先生。今日もよろしくね！

うむ。では、時間がもったいないから、
早速続きをはじめるぞ。

ところで、おまいら。
どこで、どんな組織で経営するつもりだ？

第3章　どこで、どんな組織で経営する？

組織？　わっ、あまり考えてなかった。

まず大きく分けて2つ。
個人事業としてはじめるのか、**会社設立**をするのか。

あぁ。正直迷ってるんだよね。
なんか税金面で違いがあるって聞いたぞ。

そうニャ。
それぞれの違いとメリット、デメリットがあるから、
表にしてみたぞ。

	個人事業	株式会社
開業手続き	税務署などへの届出のみ。簡単	定款作成・認証、登記など、複数の手続きが必要
設立費用	特になし	25万円前後
事業の追加・変更	制約なし。自由	定款の変更が必要なケースもあり
事業の廃止	届出を出せばOK	多くの手続きが必要
税金	利益が少ないと有利だが、多いと不利に	利益が少ないと不利だが、多いと有利に
経費	節税が難しい	節税できる範囲が広い
税務処理	簡単	複雑
社会的信用度	比較的低い	比較的高い
融資	比較的受けにくい	比較的受けやすい

債務責任	代表者が全て負う	負わない（ただし連帯保証があれば、個人も責任を負う）
事業主の健康保険・厚生年金保険	加入できない（国民健康保険、国民年金に加入）	加入できる

個人	会社
メリット	メリット
・開業届を出すだけで費用がかからない ・経理処理や税務申告などの運営面がシンプル ・開業も廃業も比較的簡単にできる	・社会的な信用が高く、融資が受けやすい ・一定金額以上の利益に対する税率は変わらない ・健康保険、厚生年金保険に加入できる
デメリット	デメリット
・社会的な信用が低い ・所得の増加に伴い、税率が上がっていく ・個人で無限に責任を負う	・設立費用がかかる ・経理や税務などの運営面が複雑 ・たたむ際に手間と費用が必要になる

会社を作る場合のメリットで一番大きいのは税金面。
個人事業では事業主に対する給与はないが、
会社なら役員報酬を払って経費にできる。
他にも節税策がたくさんあるのが会社だ。

それはよく聞くわね。
会社を作って節税する、みたいな話。

第3章 どこで、どんな組織で経営する？

うむ。それと税率だ。
個人事業は所得税が中心だから
稼げば稼ぐほど税率が上がってしまう。
でも、会社の法人税などは、たくさん稼いでも
そんなに変わらない。
つまり、最初からある程度の利益が見込める場合は
会社設立を検討したほうがいいかもしれない。

なるほどなぁ。
目安としてさ、どのくらいの利益が出るなら、会社に
したほうがいいのかな？

それはいろんな状況によるから一概には言えないな。
ただ、ざっくり言うと、**年間600万円くらい利益が出るなら会社のほうが節税にはなるかも**な。

他には、どんな判断基準があるの？

他に考えるべきなのは**営業面**、**信用面**だ。
例えば、ネットショッピングするときに、
どんな会社が売主か調べたことはないか？

あるある。前にネットで見つけたサプリを買おうと
思って、どんな会社が調べたら、個人事業だったの。

で、どうした？ 買ったか？

結局、不安で買わなかったの。

そう。それが信用だ。
業種によっては、個人事業というだけで
相手が取引に不安になってしまう場合もある。
それが飲食店とか、美容院だったらどうだ？

気にしないわ。
っていうか、まったく気にしたことないかも。
食事したり、髪を切ってもらうのに、そんなこと関係
ないもん。

そうだろ。そうだろ。
逆に、大企業では、個人事業とは取引しないなんてと
ころもある。
自分のビジネスの場合は、取引相手にどう影響する
か、調べておく必要がある。

あぁ、なるほど〜。
ちょっと探ってみよう。

第3章 どこで、どんな組織で経営する？

次に考えるべきことは**場所**だ。
会社の場合、本店所在地をどこにするか、
個人事業の場合は事業所をどこにするかだな。

あ、それなんだけどね、自宅の一室でレッスンを
しようと思っているんだけど、そういうのはどう？

自宅の一部屋などは一番費用がかからないな。
ただ、注意点もたくさんあるぞ。
例えば、賃貸物件の場合は賃貸借契約書、
分譲マンションの場合は管理規約で、
商用利用を禁止しているケースが多い。
特に、不特定多数の来訪者があるビジネスの場合、
注意が必要だ。

あぁ、そんなことも考えなきゃならないのね。
確認してみるわ。

もし、自宅では難しい場合、**レンタルオフィス**を
借りるケースも多い。
専用机とイスまたは専用個室を与えられる
オフィスのタイプ。
共用デスクでどこに座ってもいいという契約もある。

バーチャルオフィスっていうのを聞いたことあるけど、それとは違うの？

バーチャルオフィスというのは専用個室などがなく、本店所在地など「住所だけ」を借りる契約だ。別途オプションで面談スペースやセミナールームの利用、郵便物の受け取り転送、電話秘書業務などを委託できるケースがある。

あ、見たことありますよ。
月額1万円未満で利用できるところもあるみたいですね。

そうニャ。ただ、十分に注意も必要だぞ。
オフィスとしての実体がないと判断されれば、金融機関などの警戒が厳しくなる。
最悪、会社名義の銀行口座が作れないなんてこともある。

オレみたいに最初から店舗とかを賃貸するパターンもあるだろ？

もちろん。業態によっては、最初から店舗やオフィスが必要になる。

第3章　どこで、どんな組織で経営する？

その場合さ、物件の申込みとか契約、会社の設立、融資……。
それぞれがどのタイミングでどの順序で進めればいいのか、複雑でよくわからないんだけどさ。
実際、どうなの？

これはケースバイケースだな。
ただ、保証金、礼金、仲介手数料などの初期コストが多くかかるから、自己資金だけでまかなうことが難しいことも多い。
その場合は、創業融資の借入を受けてから契約をする流れとなる。

なんか複雑で難しいなぁ〜。

うむ。素人だと無理もなかろう。
無理して自分で進めようとせず、
専門家に相談しながら進めるのが安心だな。

最初は先輩のオフィスで机ひとつだけ間借りして
会社の登記をしようと思ってるんだけど、
それもできる？

もちろんできる。ただ、その会社の自社ビルではなく、賃貸している物件の場合は転貸借（又貸し）になるかもしれないから注意が必要だ。
大家さんとの関係で問題がないかどうか、必ず確認してもらうことが重要だな。

あぁ、なるほどね。聞いてみる。

よし。今日はここまでにするぞ。
今日はチビを連れて、公園内を散歩する約束をしているニャ。

ニャン吉先生ってパパだったんだ
今度、子猫ちゃんにも会わせてね。

うむ。かわいいぞ～。
じゃあ、おまいら、また来週な。

 はい！ また来週！

第3章　どこで、どんな組織で経営する？

■ オフィス形態別のメリット・デメリット

	メリット	デメリット
賃貸オフィス	・一部屋丸ごと借りるため、自由なオフィス設計が可能 ・独自のオフィスを持っているという安心感から、顧客からの信用度が高まりやすい ・打ち合わせなどに利用しやすい ・セキュリティへの不安が少ない	・賃料や初期費用が高い ・机、イスなどの備品を用意する必要がある ・賃料水準によっては、立地や建物のグレードが下がる場合もある
シェアオフィス	・賃貸オフィスに比べ、保証金などの初期費用が割安 ・机、イスなどの備品を購入する必要がない ・安価で一等地にオフィスを持てる ・デザインなどおしゃれなオフィスが多い	・許認可によっては認められないものがある ・銀行口座の開設が困難になる可能性がある ・社会保険、雇用保険への加入時に障壁となる可能性がある ・規約で決められた秘書代行費用、コピーや回線の使用料などの付帯費用も入れると結果的に割高になる可能性がある ・住所を Web 検索した場合、同一住所に複数の会社が表示されるので、顧客から不審に思われる可能性がある
バーチャルオフィス	・賃料が非常に安価 ・オフィスの住所を一等地にすることが可能	・許認可によっては認められないものもある ・社会保険、雇用保険への加入が困難 ・銀行口座の開設が困難 ・創業融資の審査に通らない可能性がある ・住所を Web 検索した場合、同一住所に複数の会社が表示されるので、顧客から不審に思われる可能性がある

間借り	・初期費用無料、または安価 ・賃料無料、または安価	・他者が借りているオフィスのため、レイアウトの設計や会議室の使用など、オフィスに自由度がない ・貸主に気を使う ・許認可や銀行口座の開設の際、問題になるケースがある
自宅	・初期費用および賃料無料、または安価 ・間借りよりも気兼ねなく使える ・借りるという手続きが発生せずラク ・通勤がない	・分譲マンションの管理規約、賃貸マンションの賃貸借契約で、事業目的の使用が禁止されている可能性がある ・名刺、ホームページなどで自宅住所を公開することになる ・家族同士でお互いに気を使う ・仕事に集中できない可能性がある ・オフィスに自由度がない ・打合せなどで外部の人間を招きづらい ・許認可や銀行口座の開設の際、問題になるケースがある

■ 起業の本拠地を決める際のポイント

立地を考える	店舗や来店型のオフィスなど、商圏や立地そのものが事業の盛衰に関わるビジネスでは、効率よく集客できる場所を選ぶ必要がある
イメージを考える	業種によっては、住所自体のイメージを戦略的に利用することも考えられる 例）アパレル関係だったら、東京の南青山、表参道など

第3章　どこで、どんな組織で経営する？

家賃を考える	創業したばかりだと、オフィスの賃料は大きな負担となる。事務所を借りる場合には、コストや資金繰りの面から無理のない範囲で決める必要がある
バーチャルオフィスが向かない場合も	各種詐欺などの犯罪防止の観点から、銀行口座の開設時にはかなり厳しい審査がなされる。個人の場合は自宅住所で届け出るため問題になりにくいが、法人の場合はバーチャルオフィスを本店にすると、口座開設を断られる可能性もある
郵便物が受け取れる場所にする	税務や社会保険に関する書類は、原則として登記上の本店住所に届くため、本店所在地は郵便物を受け取れる住所でなくてはならない。本店住所での受け取りが難しい場合は、転送届を出しておく。ただし、転送不可のものもある
許認可業種の場合は条件を満たす	宅地建物取引業では、住宅の一室や、他の法人と同一の住所を本店とすることは認められていない。許認可要件が近年緩和されているものの、業種により、本店所在地が自宅の場合、登記ができても事業が行えない事態もあり得る

ココだけは覚えとけニャ！
第3章のまとめ

① 個人事業にするか会社設立するか、まずは税金面から検討する。よくわからなかったら、税理士に相談する
② 個人事業にするか会社設立するか、営業面や信用面から考える。コストだけではなく、会社にすれば信用が得やすくなるか、売上を上げやすくなるか検討する
③ 個人事業にするか会社設立するか、登記費用、最初の事務手続き、経理や申告、社会保険、人材採用などの要素から考える
④ オフィス形態ごとにメリット、デメリットがある
⑤ 自宅を活かせるか可能性を考えてみる。そのデメリットも確認しておく
⑥ バーチャルオフィス、シェアオフィスのメリットと弱点を確認する

 起業準備　行動チェックリスト

☐ 個人事業と会社設立の違いを理解したか
☐ 個人事業と会社設立のどちらにするか決めたか
☐ オフィス形態別のメリット、デメリットを理解したか
☐ どこで起業するか、場所を決めたか

第3章　どこで、どんな組織で経営する？

◀┼┼┼┼　ニャン吉先生のコラム　◀┼┼┼┼

■株式会社と合同会社、どっちがいいの？!

　会社設立をすると決めて、次に迷うのが、株式会社にするか、合同会社にするかだ（ちなみに、有限会社は法律が変わって、新しくは作れないぞ）。

　株式会社と合同会社の一番大きな違いは設立費用。

　株式会社が登録免許税などの実費込みで約25万円かかるところ、合同会社だったら約10万円しかかからない。

　だったら、合同会社がいいじゃんとなるわけだが、そんなに簡単でもない。例えば、合同会社だったら、社長の肩書きは「代表取締役」ではなく「代表社員」となる。つまり、名刺にも代表社員と印刷することになるのだ。

　相手からも株式会社に比べれば、一段下に見られる可能性もある。設立費用が安い分、営業面や信用面で損する可能性もあるのだ。

　逆に、敢えて合同会社を選ぶケースもある。

　例えば、訪問介護事業など、社会的な要素が強いビジネスで起業するケースだ。このような場合、株式会社だと営利追求というイメージが出るからと気にして、敢えて合同会社を選ぶことも多い。そのような場合、一般社団法人という法人形態で起業するケースも増えているぞ。ＮＰＯ法人よりも設立や運営が簡単だから人気がある。○○協会というようなものを立ち上げるときにもオススメだ。

　その他にも、株式会社と合同会社では、次ページの表のような違いがある。コストだけで単純に比較するのではなく、自身ではじめ

63

ようとしているビジネスの場合、どちらがふさわしいのか、じっくりと考えてみるべし。

■株式会社と合同会社の違い

	株式会社	合同会社
出資者の名称	株主	社員
出資者の責任	有限責任	有限責任
設立と運営に必要な人数	一人以上	一人以上
意志決定最高機関	株主総会	社員総会
業務執行者	取締役	業務執行社員 業務執行社員を選任しない場合は社員全員
業務執行者と出資者の関係	委任契約 株主以外からでも選任可	社員本人 社員以外からは選任不可
業務執行者の任期	通常2年、最大10年	任期なし
会社の代表者	各取締役 代表取締役を定めることも可能	各社員 代表社員を定めることも可能
決算公告	毎事業年度ごとに必要	不要
株主への利益配分	株式の割合に応じて配分	出資割合に関係なく社員の合意で自由に配分
株式（持分）の譲渡	自由 譲渡制限をかけることも可能	社員全員の同意が必要

第4章

よく覚えとけ
お金は大事！

次の日曜日、みんな眠そうな顔をして、ぞろぞろと集まってきた。

ニャン吉先生、おはよう。

おはよう。
おまいら、仕事で疲れてないか？

結構、疲れてる。
ボーナスもらえるまでもうちょっとだからがんばる。

そうか、もうすぐボーナスのシーズンか。
起業するには元手が必要だからな。
おまいらがんばって元手を貯めろ。

うん。がんばるよ！

オレの場合さ、貯金だけじゃ起業のとき資金が足りないからお金借りようと思ってるんだけど、
どうすればいいのかな？

まずは**お金を貯めて自己資金**とし、
足りない分は**創業融資を借りる**のが
起業のセオリーだ。

でも、貯金なんて、ほとんどないよ。

第4章 よく覚えとけ お金は大事！

毎月コツコツと貯金してこなかったのが悪いニャ！

だって、安月給だし。

開き直るニャー！ おまいがだらしないからニャー！
退職金とか、生命保険の解約、株を売るとかで、
かき集めることはできないのか？

うちの会社、退職金はほとんどないって話だよ〜。
あと、株も生命保険もないよ。

就業規則とかで、一応、調べてみたら？

うん。明日調べてみるよ。

あとは、親とか親戚に出してもらうという方法も
あるぞ。まずはこれを埋めてみろ。

■**自己資金として認められる可能性があるもの**
・自分の貯金（給料の一部を貯金してきたもの）
・退職金
・生命保険の解約返戻金
・株式や投資信託の売却代金
・車や不動産の売却代金
・両親から贈与されたお金

■ **起業するまでに自己資金としていくら確保できるか、書き出してみよう**

・	／	円
・	／	円
・	／	円
・	／	円
・	／	円

合計　　　　　　　　　　円

もし、自己資金がまったく用意できなくても融資してもらえるの？

基本的にはダメだ。
他人のふんどしだけで相撲を取ることは許されない。

じゃあ、逆にどのくらいあれば、いいのですか？

融資制度によるが、**事業全体でかかるお金の
1/3～1/2くらいは必要**だな。

なかなか厳しいわね。
一時的に誰かから借りてきて、
あとで返すっていうのはどう？

第4章　よく覚えとけ お金は大事！

ばっかも～ん！！
そういうのを「見せ金」って言うニャー！！
本当に自己資金かどうか、厳しいチェックが入るぞ！

え！ そうなの？
そんなのわかりっこなくない？！

甘い、甘い、甘いニャー！
過去半年分くらいの個人の銀行通帳の提出を求められるぞ。
給料とか正当なお金で貯まっていく経緯が
チェックされるんだ。

え～、通帳見られるの？ なんか恥ずかしいね。

通帳にはその人の普段の生活態度が出るからな。
例えば、電気代、携帯電話料金の滞納が
頻発しているとわかったら、
お金にだらしないヤツとみなされる。

え～、今さらそんなこと言われても、困るよ～。

過去は変えられないからな。
起業すると決めたら、滞納などないように
細心の注意で過ごすのが肝要だ。

69

他に注意しておくべきところはある？

 個人信用情報も要チェックだ。
おまいら個人信用情報は知ってるか？

 あれかな？ ブラックリストってヤツ？

 そうニャ。カードやローンの申込みのときに
金融機関同士で利用しているものだ。
そこには、個人ごとのカードやローンの利用状況、
延滞情報などが載っている。

 カードで買い物して滞納するとすぐ載っちゃうの？

 それだけでは載らない。
そのあと、ハガキとかで督促されても無視していた
りすると載るな。

 載ってしまうとどうなるの？

 ハッキリ言うと、融資は難しくなる。
気になるようなら、一度、個人信用情報機関の記録を
チェックしてみるのがオススメだ。

 どうやってチェックするの？

第4章　よく覚えとけ お金は大事！

個人信用情報機関のリストを添付しておくから、
あとで連絡してみるといい。
ネットでも申込みできるし意外と簡単だ。

わかった！ありがとう。
念のため、自分の情報を調べてみるわ。

信用情報機関の名称	加盟する企業	ホームページ
㈱シー・アイ・シー (CIC)	主に割賦販売などのクレジット事業を営む企業	http://www.cic.co.jp
㈱日本信用情報機構 (JICC)	主に貸金業、クレジット、リース、保証などの与信を営む企業	http://www.jicc.co.jp
一般社団法人全国銀行協会 全国銀行個人信用情報センター	銀行、政府関係金融機関、信用保証協会、個人に関する与信業務を営む企業	http://www.zenginkyo.or.jp/pcic/

■資本金を決める際の検討ポイント

○ 税金の観点

・設立時の資本金が 1000 万円未満の場合、原則設立事業年度と翌事業年度は消費税を納めなくてもいい（※例外あり）。

・法人住民税の均等割は資本金の額（一部を資本準備金に繰り入れた場合は合計額）が 1000 万円超になると、年額 7 万円から 18 万円へと増額する。

○ 信用の観点

・資本金は、会社の信用度を図るひとつの基準。新会社法が施行され最低資本金制度が撤廃された今でも、この商慣習が残っている企業もある。特に資本金が 100 万円未満の場合、信用度が極端に低くなる。

・取引相手企業によっては資本金額を取引口座の開設基準としている場合もあるため、あらかじめ調べておくこと。

○ 創業融資の観点

・創業融資制度によっては、事業全体で要する資金の 1/10 〜 1/2 の自己資金、つまり資本金を準備していることを要件としている場合がある。

・事業全体で要する資金を把握し、創業融資を受けるにはいくらの自己資金（資本金）が必要かを計算すること。

○ 許認可の観点

・許認可によっては、自己資本金額（資本金額）が許認可の

第4章 よく覚えとけ お金は大事！

> 要件となっている。例えば旅行業（300万円〜3000万円）、有料職業紹介事業（500万円）、労働者派遣業（2000万円）など。
> ・許認可が必要な業種の場合、資本金要件がないか、設立前によく確認しておくこと。

ところで、自己資金のところで言ってた「事業全体でかかるお金」って、どうやって計算すればいいんだ？

いい質問だ。そこを説明するぞ。
おまいら、この前ワシが送った事業計画書、書いてみたか？

書いてみたんだけど、文章のところはいいとして、数字の部分が難解で……。

そうじゃろ〜。
今まで3000人以上の起業を見てきているが、数字の部分を自分で完成してくるのは一握りだ。

じゃあ、教えてよ。

事業全体でかかるお金を計算してみるぞ。
資金計画は2つのアプローチから考えるといい。

2つのアプローチ？

まずは、何にいくらかかるか、単純に積み上げていく。
事業にかかるお金は**運転資金**と**設備資金**に分けられるのだ。

■ **設備資金**
　設備など金額の大きい初期投資にかかる資金

　例：パソコン、Webサイト、システム開発費、内装工事、
　　　机、イス、オフィスの敷金・保証金など

■ **運転資金**
　仕入、家賃、人件費など運営上毎月必要なコスト

　例：仕入資金、給与、外注費、交通費、通信費、家賃、
　　　交際費、会議費、支払手数料、税理士顧問料など

それでだ、
次の計算で、事業全体でかかるお金を把握できるぞ。

設備資金 ＋ 運転資金 × 3カ月分
　　　　　　　　　　　＝ 事業全体でかかるお金

第4章　よく覚えとけ お金は大事！

おぉ、なるほど。やってみようかな。

おまいら、それぞれで書いてみろ。

● 設備資金（設備など金額の大きい初期投資にかかる資金）

オフィス・店舗の敷金・保証金	円
内外装工事、看板作成費など	円
車輌など	円
机、テーブル、イスなどの備品	円
パソコン・プリンタなどの機器	円
ソフトウェアなどの開発費	円
フランチャイズの加盟金など	円
① **設備資金合計**	円

●運転資金（仕入、人件費、諸経費など会社の運営上必要な資金）

仕入資金	円
役員報酬	円
従業員等給与	円
社会保険料	円
外注費	円
旅費交通費	円
通信費	円
家賃	円
水道光熱費	円
広告宣伝費	円
会議費	円
交際費	円
消耗品費	円
税理士等顧問料	円
リース料	円

第4章　よく覚えとけ お金は大事！

支払手数料	円
荷造運賃送料	円
支払利息	円
② 1カ月分の運転資金小計	円
③ 運転資金合計（② ×3カ月分）	円
必要資金＝①＋③	円

記入例

● 設備資金（設備など金額の大きい初期投資にかかる資金）

オフィス・店舗の敷金・保証金	1,250,000 円
内外装工事、看板作成費など	4,710,000 円
車輌など	0 円
机、テーブル、イスなどの備品	2,055,000 円
パソコン・プリンタなどの機器	100,000 円
ソフトウェアなどの開発費	0 円
フランチャイズの加盟金など	0 円
①設備資金合計	8,115,000 円

●運転資金（仕入、人件費、諸経費など会社の運営上必要な資金）

仕入資金	700,000 円
役員報酬	300,000 円
従業員等給与	600,000 円
社会保険料	115,000 円
外注費	0 円
旅費交通費	30,000 円
通信費	20,000 円
家賃	230,000 円
水道光熱費	100,000 円
広告宣伝費	50,000 円
会議費	5,000 円
交際費	10,000 円
消耗品費	50,000 円
税理士等顧問料	40,000 円
リース料	15,000 円

第4章　よく覚えとけ お金は大事！

支払手数料	17,000 円
荷造運賃送料	0 円
支払利息	12,500 円
② 1 カ月分の運転資金小計	2,294,500 円
③ **運転資金合計（② ×3 カ月分）**	6,883,500 円
必要資金＝①＋③	14,998,500 円

私は 900 万円になったわ。

オレは 1500 万円だった。

で、おまいら、前に出してみた自己資金で
まかないきれるか？

いやいやいや。全然足りないでしょ。

そうだろうな。
だとすると、足りない部分を融資など
他の方法で工面することを考えるしかない。

どこで借りればいいの？

起業するときは、公的な創業融資制度で借りるのが一般的な方法だ。
信用力がない起業家でも借りられるように、
政策的に用意されている。
この表を見てみろ。

	必要な自己資金の割合	年利	審査スピード	代表者の連帯保証人のサイン
日本政策金融公庫新創業融資制度	1/10	2.56％程度	数週間〜1カ月程度	不要
日本政策金融公庫中小企業経営力強化資金	要件なし	2.26％	数週間〜1カ月程度	不要
市区町村制度融資	1/2の場合が多い	利子補給を受けられる結果、1％未満程度	2〜3カ月程度	必要
都道府県制度融資	例えば埼玉県の場合1/2、東京都は要件なしなど	2〜3％程度	1〜2カ月程度	必要

※2019年12月13日時点のもの

第4章　よく覚えとけ お金は大事！

	特徴	向いているケース
日本政策金融公庫新創業融資制度	・審査スピードが速い ・自己資金要件がゆるい ・無担保・無保証人（融資限度額3000万円まで、但し1000万円超は本部決裁につきハードル高い）	・一刻も早く融資を受けたい場合（物件取得が必要な業種など） ・フランチャイズの場合
日本政策金融公庫中小企業経営力強化資金	・自己資金要件なし ・無担保・無保証人（融資限度額7200万円まで） ・認定支援機関のサポートが必須 ・フランチャイズ不可	・一刻も早く融資を受けたい場合（物件取得が必要な業種など） ・自己資金が少ない場合 ・1000万円超の融資が必要な場合 ・認定支援機関である税理士などに支援してもらえる場合
市区町村制度融資	・圧倒的に金利が安い ・融資を受けるまでに非常に時間がかかる ・自己資金要件が厳しい	・自己資金が豊富にある場合 ・融資実行までに時間がかかってもいい場合
都道府県制度融資	・東京都以外は自己資金要件が厳しい場合が多い ・融資を受けるまでに時間がかかる場合が多い	・東京都以外は自己資金要件が厳しい ・融資を受けるまでに非常に時間がかかる ・東京都の場合、自己資金が少なくても多額の融資が可能なケースもある

いろいろありますね。
オススメはどれですか？

それは人によって違うんだが、
オーソドックスなのは
日本政策金融公庫の新創業融資制度だ。
無担保・無保証人で最大3000万円（多くの場合は
1000万円まで）を借りることできる。

無担保・無保証人って？

無担保っていうのは、借りるとき社長の自宅などを
担保に入れなくていいってことだ。
無保証人っていうのは、社長個人すら
連帯保証人のサインをしなくていいってことだ。

ってことは、お金を借りるリスクが
少なくて済むっていう意味かな？

大きい声じゃ言えないが、そういうことだ。
借りなきゃ損だぞ。

もし、副業ではじめたとしても
公庫でお金を借りることはできますか？

第4章 よく覚えとけ お金は大事！

公庫をはじめ副業でもＯＫな金融機関が増えている。
国も働き方改革の流れで副業を後押ししてるからな。

お、そうなんですね。
本格的に副業をするときには使えそうですね。

で、公庫で借りたいときの流れってどんな感じ？

相談や申込みから、実際に融資実行になるまでを
図にしておいたぞ！

日本政策金融公庫で創業融資を受けとるときの流れ

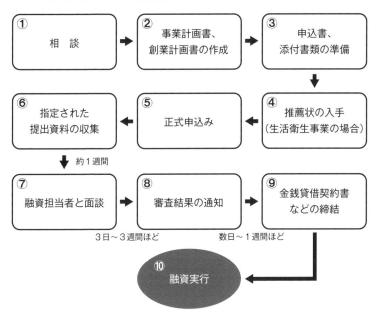

わりとシンプルな流れで素早く融資してもらえるぞ。

ありがとう！ じっくり見てみるね。

お金を借りる先は、公庫以外にはないんですか？

公庫以外には、**自治体の制度融資**っていうのがある。
自治体ごとに制度は違う。

自治体ごとに違うの？

うむ。自治体によって、制度の内容も借入するときの
条件も違うし、金利の優遇とかも全部違う。

なるほどなぁ。
そしたら、自分が起業する場所の
自治体の制度を調べておいたほうがいいな。

どこで調べればいいの？

自治体のホームページに載っている。

わかった。調べてみるね。

第4章 よく覚えとけ お金は大事！

自治体で創業融資を受けるときの流れも
図にしてやったぞ。

自治体で創業融資を受けとるときの流れ

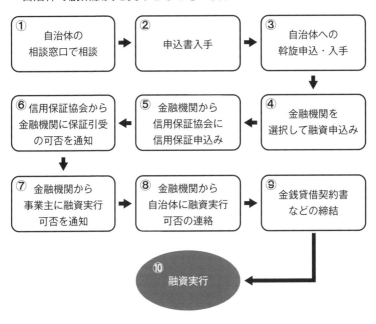

この図でさ、信用保証協会っていうのが
出てくるけど、これは何？

信用保証協会とは、公的な保証会社みたいなもんだ。
起業家が万が一お金を返せなくなった場合、
代わりに銀行にお金を返済してくれる。

85

なるほどね。立場的に弱い起業家のことを公的な制度で助けてくれる制度があるのね。

そうニャ。いろんな制度が整っていて、起業しやすい環境が整っている。おまいら、がんばれ。

だいたいわかったんだけど、すごく不安なことがあって……、聞いていい？

なんだ？

融資って誰でも貸してもらえるわけじゃないでしょ？どんなことを審査するの？

いい質問だ。創業融資の審査は主に４つのポイントをクリアする必要がある。まずはこの４つを頭に叩き込め。

まずはその１！
自己資金割合！

第4章　よく覚えとけ お金は大事！

事業全体の必要資金のうち、自分のチカラでどれだけ用意したかという割合だ。
融資制度の多くは、だいたい1/3〜1/2程度は自己資金があることを求められる。

じゃあ、もし、自己資金が少ない場合はどうなるの？

自己資金割合が少ない場合、審査基準に当てはまらず借入ができない。
もしくは希望の金額まで融資されず融資金額が減額されることになるな。

「自分のチカラで」っていうのが、引っかかったな。どういう意味だ？

図を見ろ。
例えば、事業全体で900万円が必要だとする。自分の貯金からの出資が300万円、
公庫からの借入で600万円を調達したいとする。

自己資金割合の計算式

$$\frac{自己資金}{創業資金（＝事業全体で必要なお金）} \times 100 = 自己資金割合$$

例1

事業全体の 必要資金 900万円	公庫からの 借入希望額　　600万円
	自分の貯金から 出資　　　　　　300万円

自己資金割合 1/3

例2

事業全体の 必要資金 900万円	公庫からの 借入希望額　　600万円
	両親から 借りて出資　　100万円
	自分の貯金から 出資　　　　　　200万円

あくまで借入のため、資本金だとしても自己資金と認められない

自己資金割合 1/3 とは認められない

例1、例2はどちらも同じ資本金300万円だ。
ただ、どんな経緯で捻出したかで、
図のように自己資金割合は違ってくる。

例1は自己資金の全部が
自分で貯めたお金ってことね。
例2は100万円については、両親から借りてきたお金だから、自己資金としては認められないってこと？

そうニャ。
ただ、この両親からの100万円がもらったお金だったら、自己資金としてカウントされる。

第4章 よく覚えとけ お金は大事！

返さなきゃいけないお金は、自己資金じゃないっていう理屈ね。

そしたらさ、この100万円を、もらったというカタチにしておいて、あとでこっそり返すっていうのはダメなのか？

ばっかも～ん！ おまいはどうしようもないニャー！
そんなズルは見抜かれるニャ！
そういうのは「見せ金」って言われる不正ニャー！！
この前も説明したばかりニャー！！

うわっ、そうだった。

やっぱり正直にやらなきゃだめなのね。

あとさ、疑問があるんだけど。
自己資金がたくさんあっても他にどこかから借金がある場合はどうなるの？

借金がある場合は、
自己資金の金額から差し引くことになる。

あ、そうなんだね。
そしたら、余分な借金とかしないほうがいいよね？

起業を決意したら、余分な借金は避けるべきだ。

うむ。次にいくぞ。
その2！ **経営者の経験、能力。**

創業融資は創業したばかりだから過去の決算書から経営者としての能力をはかることができない。
ここで、クイズだ！決算書の代わりにどこで経営能力を判断すると思う？

 事業計画書じゃないかな？

 うーん。顔つきとか？

おまいらは、ほんとにダメだニャー！
そんなもので経営能力がわかるなら、
苦労しないニャ！
事業計画書も大事だが、
事業計画書どおりに経営が進むとも限らないぞ。

 じゃあ、どこを見るの？

ズバリ！その起業家の「経験」。
今回起こす事業に関して、過去にどれだけ有益な経験を積んできたかをチェックされる。

第4章　よく覚えとけ お金は大事！

なるほど！
そしたら、オレのように飲食業で起業したいヤツが、
飲食業でずっと経験を積んできたっていうのは
めっちゃ評価されるってことか？

そうニャ。おまいの場合、キッチンもホールも店長も、
全部こなしてきたというのは高い評価を受けられる。

じゃあ、逆にまったくアルバイトもしたことがないような場合はどうなるの？

金融機関としては非常に貸しにくいな。その場合、
門前払いに近い対応をされる可能性が高い。

それを回避する手はないですか？

共同経営者レベルで、
経験豊富な人材を連れてくるしかないかもしれん。

え〜、なかなか厳しいのねぇ。

さらに！
代表者としての資質や能力もチェックされる。

例えば、どんな？

審査では金融機関の担当者と1時間程度の面談があるんだ。
まずは、そこでの受け答えや態度を見られる。
経営者としての能力や信用できる人柄かなどな。

わぁ、緊張〜。

じゃあ、ちゃんとした態度と受け答えが大事なのね。
ちゃんと対策したほうがいいの？

したほうがいいに決まっとるニャ！
あたりまえニャー！
ワシがサポートするときは、
面談の想定問答シミュレーションもするぞ。

なるほど。絶対やっておいたほうがいいね！
他にはどんなことを見られるの？

お金の管理能力だ。

あ、前に教えてもらったヤツか？
個人信用情報?! だっけ？

そうニャ。
このあたりを表にまとめておいたぞ。

第4章　よく覚えとけ お金は大事！

■ 経営者になるにふわさしい経験・能力のチェック項目

○ 経験
・立ち上げるビジネスと同業界で何年間の経験をしてきたか
・どの立場で経験をしてきたか (店長？ アルバイト？)
・どんな実績をあげてきたか（営業成績エリア No. 1 で表彰されたなど）
・どんなノウハウを身につけてきたか

○ 能力
・立ち居振る舞い、態度
・話の内容、説得力
・事業に賭ける熱意
・資格や特殊能力

○ お金の管理能力
・個人信用情報に事故情報が載っていないか
・過去1年分の通帳などを調べ、水道光熱費や通信費などに滞納がないか
・無駄遣いをしていないか
・頻繁にカードローンなどを利用していないか
・確定申告をしているか

うわ〜！ なんか過去を丸裸にされてる感じ。
緊張してきた〜。

そうニャ。将来起業したいなら、それを意識して過ごさなきゃニャらん。

 いろいろ影響するのね〜。

うむ。次にいくぞ。
その３！ **返済の可能性**。

おまいら、お金を貸すときに、金融機関が一番考えなきゃならないことはなんだと思う？

 きちんと毎月お金を返してもらえることじゃない？

おぉ、正解ニャ！ さすがニャ！
金融機関がもっとも重視することは、
貸したお金がきちんと返済してもらえるかだ。
そこで参考にするのが事業計画書だ。

 事業計画書、書いてみたけどさ、結構、難しいよね。
特に数字の部分が。
ちなみに、どこが一番重要なの？

全部が重要だ。
おまいらに渡した書式は、最低限、重要な箇所のみを
効率的にアピールできるように作り込んである。

第4章 よく覚えとけ お金は大事！

ただ、本当にどこが重要かと聞かれれば
「返済できるだけの売上や利益が上がるか」だ。

なるほど〜。
だったらさ、バラ色の数字を書き立てれば
いいってことになるかな？

おまいは何言ってるニャー！ 相手はプロニャー！
舐めるニャー！ ドン引きするニャー！
そのくらいのことは簡単に見抜かれるニャ！
業種ごとの平均データなども持っているニャ！

じゃあ、どうすればいいの？

さっき言ったように、事業計画書で一番重視されるのは、返済できるだけの「売上予想」や「利益予想」だ。
そして、それが説得力を持っているか。

具体的に、
返済できる利益ってどういう数字なの？

表を用意した。まとめたから、これを見ろ！
税引後利益に減価償却費を加えた数字が、
年間の借入返済額を上回っていなければならない。
で、それが説得力があるかだ。

■ 返済可能性を検討する際のポイント

○ 形式的に返せるかどうか

事業計画書の予測損益計算書上、「税引後利益＋減価償却費」が年間の借入返済額を上回っているか

税引後利益 ＋ 減価償却費 ＞ 年間の借入返済額

○ 実質的に返せるかどうか

事業計画書上の売上予想が本当に説得力があるものか

・同業種同規模の業態の平均と比較してバラ色の計画になりすぎていないか
・USP（お客様はなぜあなたの店でなければならないか）はあるか
・競合他店の中で勝つことができる魅力的な要素は何か
・出店場所の優劣
・出店場所とターゲット層は合っているか
・集客方法を戦略的に考えているか
・市場分析、競合分析はできているか　など

なんか急に難解な言葉が出てきて、拒否反応が……。

このくらい理解しないと先が思いやられるニャ〜。
がんばれ！

うん。なんとかがんばる。

第4章　よく覚えとけ お金は大事！

私も事業計画書をもう一度、見直してみよう。

さぁ、いよいよ、その4！
最後は、**資金使途**。

資金使途?! また難しい言葉ね。

簡単に言うと「つかいみち」だ。
例えば、融資制度には「1000万円まで」など、
融資限度額が設定されている。
これはあくまで上限額であって、
全員がこの額まで貸してもらえるわけじゃない。

なるほど。じゃあ、飲食業とかじゃなくて、
私みたいに自宅でお教室をしようとしている人は、
1000万円も使うわけないから、
そんなに貸してもらえないということ？

さすがだ！ 優秀な生徒がいるとラクだニャー。

でもさ、「つかいみち」はどうやって証明するの？

前に運転資金と設備資金の説明はしたよな。
おまいら、覚えているか？

えーと、3カ月とかでしょ？

 そうニャ。**運転資金は、事業計画書で必要性を証明しなきゃならない。**
じゃあ、設備資金はどうやって説明するのがいいと思う？

 設備資金ってさ、たしか冷蔵庫とかパソコンとかそういうのでしょ？

 あ、わかった！ 業者の見積書じゃないか？

 そうニャ！ やればできるじゃないか。
創業融資を受けると決めたら、内装工事費用は内装業者、業務用冷蔵庫はその専門店、パソコンはパソコンの販売サイトなど、**各業者から見積書を集める作業が必要になる。**

 なるほど、なるほど。
早速、準備しよう！

 改めて、審査の4つのポイントをまとめておいたから見ておけ。

第4章　よく覚えとけ お金は大事！

■ 創業融資の主な審査基準

○ 自己資金割合
起業前半年分の個人通帳の提出を求められる。いわゆる「見せ金」ではなく、コツコツ自分で貯めたかどうかも問われる。

○ 経営者の経験・能力
融資の可否判断には、起業家のこれまでの勤務経験が重視される。また面談では、能力や人格が経営者にふさわしいかどうかチェックされる。

○ 返済の可能性
事業計画書の損益計算書上の税引後利益と減価償却費の合計が、年間の返済額を上回っているかどうかをチェック。返済できる可能性を厳しく審査される。

○ 資金使途
融資されたお金のつかいみちを証明する必要がある。ビジネスにかかるお金の内訳を、見積書や物件のチラシなどの根拠で示していく。

ありがとう！

いや〜、融資の審査に受かるのも、いろいろ難しいんだなぁ。オレ、甘く見ていたよ。

99

そうニャ。融資は一発勝負だ。
一度、落ちてしまえば金融機関に記録が残る。

そうなのか？！
じゃあ、本当に慎重に進めたほうがいいな。

ワシに知り合うことができて、
おまいら、ラッキーニャ。

ホントだよなぁ。
他に何かコツとか、知っておくべきことってあるか？

じゃあ、おまいらに特別、審査に受かるためのツボを
伝授してやる。

おぉ、なんか秘伝のタレって感じ。

まじめに聞け！

■ **創業融資の審査に受かるツボ**

① **売上が上がるかどうかの説得力**

事業は売上が全てを解決すると言っても過言じゃない。起業しても売上が上がらないようでは事業を維持できず返済もできない。だから、融資の審査でも、売上が上がるという説得力が最重要。

第4章 よく覚えとけ お金は大事！

営業先リストを提出する、Web集客で狙っているSEOの
キーワードを徹底的に解説するなど、とにかく具体的に説明
できるように準備をするべし！（第5章参照）

② 人物が重要

起業家本人が信頼に足りるような誠実な人柄か、経営者とし
て向いているかどうかなども重視される。面談の際は、身な
りや服装、話し方、態度などに注意すべし！

③ 嘘を言ってはいけない

金融機関の融資担当者はいわば金貸しのプロ。嘘は簡単に見
抜かれる。個人信用情報も調べられるし、多くの提出資料か
ら厳しいチェックを入れられる。変な嘘をつくくらいなら、
正直ベースで堂々とすべし！

④ 熱意を見せる

冷徹に見える融資担当者も起業家を応援したい気持ちでいっ
ぱい。使命感で取り組んでいる。どれだけ本気でそのビジネ
スを世の中に出したいのか、情熱を示すべし。気持ちが伝わ
れば、できる限りの応援をしてくれるはず。

⑤ 誰が税理士、コンサルタントなどとしてサポートしてい
く か

起業後に誰が税理士などとして経営の指導を行っていくのか
も重要な審査の要素。金融機関から見たら、はじめて経営を
行う起業家が単独で事業を進めていくのは頼りなく感じるも

の。ただ、経営指導の経験豊かな、資金繰りなどに明るい税理士などがしっかりとサポートしていくことがわかっていれば貸しやすくなる。専門家選びは慎重に。この視点も持つべし！

⑥ サイズダウンもひとつの手
融資の審査結果は、融資が可か不可かだけでなく、減額するなら可という審査結果もありえる。減額の打診を受けた場合に、事業規模をサイズダウンした上で起業することができるかを事前に検討しておくべし。

おぉ。すげぇ〜
融資の審査に通る気がしてきた！

単純だな〜。まぁ、それもおまいのいいところか。

まぁな。

最後におまいらに最大のヒントを与えておく。
それはな、**「ダメそうなら早めに撤退を考える」**ってことだ。

撤退？ 融資をやめるってこと？

第4章　よく覚えとけ お金は大事！

最初の相談段階でダメそうな感触だったら、正式な申込みをしない、審査を受ける前に自分で申込みを取り下げるのが無難だということだ。

どうして？

一度、正式に審査を受けて落ちてしまうと、金融機関内部で審査に落ちた記録が残る。
再度申込んでも、よほど方向性が違うプランでないと、ろくに審査されずに落ちてしまう可能性が大だ。

なるほどなぁ。融資は本当に慎重に慎重を期して進めなきゃならないんだな。知っておいてよかったよ。

ところで、おまいら、
助成金とか**補助金**って聞いたことあるか？

お金もらえたりとかするやつだろ？

そうそう。助成金とか補助金とか、言うよね？
どんなのがあるの？

表を見ろ！
助成金・補助金には、主に3種類がある。
起業するなら、よく知っておいたほうがいい。

■ 助成金・補助金の種類

	特徴	過去の例	情報入手方法
厚生労働省系の助成金	雇用促進、職業能力向上などを目的とする。要件を満たせば受給可能	トライアル雇用奨励金、キャリアアップ助成金など	厚生労働省ホームページなど
経済産業省系の補助金	中小企業振興、技術振興などが目的。要件を満たし、審査を通過する必要がある	ものづくり補助金、小規模事業者持続化補助金など	中小企業基盤整備機構ホームページ、認定支援機関など
都道府県、市区町村の補助金	都道府県、市区町村が地元企業の振興を目的として独自に実施している助成金	利子補給制度、Webサイト作成補助など	都道府県、市区町村ホームページなど

なるほど。なるほど。
もっと具体的には、どんなシーンでもらえるの？

国や自治体が目指す政策によって、
毎年、新しいものが出て、古いものは消えていく。
過去にあった助成金・補助金を
どのようなシーンで活用できたか表にしておいた。
ざっくりと、どんなシーンで活用できそうか、
頭に入れておくといいぞ。

第4章　よく覚えとけ お金は大事！

	過去の助成金・補助金例	活用しうるシーン
人事労務	キャリアアップ助成金	非正規社員を正規社員に転換する
	人材開発支援助成金	社員のキャリアを充実させるために職業訓練や人材育成制度などを導入する
	職場定着支援助成金	労働者の処遇を改善する制度を導入する 賃金制度の整備や、新たな手当の創設により、労働者の離職率を低下させる
	業務改善助成金	生産性向上のための設備投資やサービスの利用を行い、最低賃金を一定額以上引き上げる
広告販促	小規模事業者持続化補助金	ホームページの作成を行う
		リスティング広告を行う
		チラシやカタログの作成を行う
		DMや折込広告の発送を行う
		テレビCMや雑誌広告を行う
		新パッケージを開発する
		展示会に出展する
	IT導入補助金	ホームページを新設する
		リスティング広告を行う
家賃	東京都創業助成事業	東京都内に店舗を借りる
		東京都内に事務所を借りる
	創業補助金	事務所や店舗を借りる
	東京都商店街起業・承継支援事業	東京都内の商店街に店舗を借りる
	若手・女性リーダー応援プログラム助成事業	東京都内の商店街に店舗を借りる
設備投資	ものづくり補助金	世の中や業界にないようなサービスを開発するためのソフトウェア開発を行う
		世の中や業界にないようなサービスを提供するための設備投資を行う
		生産性が飛躍的に向上するような設備投資を行う

内装工事	東京都商店街起業・承継支援事業	東京都内の商店街に店舗を出店する
	若手・女性リーダー応援プログラム助成事業	東京都内の商店街に店舗を出店する
知財	中小企業知的財産活動支援事業費補助金	国内で取得・出願している特許権を海外でも権利化する
		国内で取得・出願している実用新案権を海外でも権利化する
		国内で取得・出願している意匠権を海外でも権利化する
		国内で取得・出願している商標権を海外でも権利化する
IT投資	IT導入補助金	業務用のパッケージソフトやクラウドサービスを導入する
		ECサイトを立ち上げる
		グループウェアを導入する
		顧客管理システムを導入する

へ〜、いろんなものがあるんですね。
知らなきゃ損ですな。

そうニャ。活用すれば、よちよち歩きの起業家にとっては、とても助かるはずだ。

でも、税金から出たお金がもらえるなんて、
なんか、逆に大変じゃないのかな？
注意点はある？

第 4 章　よく覚えとけ お金は大事！

最初に知っておきたいのは、**「後払い」**だということ。

後払い？ どういうこと？

例えば、ホームページを作るときの補助金の場合、最初に補助金を渡されて、そのお金で作るという流れじゃないということだ。

じゃあ、最初は自分のお金で作るってこと？

そうニャ。**受給できるのは半年〜 1 年くらいあと。**つまり、資金調達手段としては、あてにできない。

なるほど。だとすると、前に習った創業融資との組み合わせが重要になってくるわね。

そうニャ。融資と助成金・補助金の組み合わせをどうするか、戦略が重要だ。

いいね！ オレ、助成金もらえるんなら、社員たくさん雇おうかな？

おまいはビックリするくらいダメだニャー！
助成金、補助金はムリしてもらうようなものじゃない。もらいたいからといって経営をゆがめるなんて、アホのすることニャ！

そうよね！ それはさすがに本末転倒よ。

はい。反省します。

助成金や補助金の最新情報は
どこで手に入れればいいの？

基本的には省庁とか自治体のホームページを
こまめにチェックすればいい。

忙しい中、それはなかなか大変よね。他にはないの？

あとはワシのような起業支援が得意な
コンサルタントや税理士と仲よくなっておくことだ。

あぁ、なるほど！
つながっておくといいことあるのね。

そうニャ。おまいらには新しい助成金や補助金が出たら、NYAINE で知らせてやる。

第4章 よく覚えとけ お金は大事！

ニャン吉先生、ありがとう！

さて、今日は盛りだくさんだったな。
今週はここまで。
わからなかったら、よく復習しておけよ。
また来週な。

   うん、また来週！

ココだけは覚えとけニャ！
第4章のまとめ

① 起業するには元手が必要。自己資金を書き出す

② 創業融資を受けるには、事業全体の 1/2 ～ 1/3 程度の自己資金が必要

③ どこかから借りてきた「見せ金」は認められない

④ 創業融資申込み時には過去半年分ほどの個人通帳をチェックされる

⑤ 個人信用情報がチェックされる。心配なら取り寄せる

⑥ 資本金を決める際には、税金、信用、融資、許認可の視点を持つ

⑦ 事業にかかるお金は設備資金と運転資金に分けて計算する

⑧ 足りない分は公的な創業融資を借りてまかなうのがセオリー

⑨ 日本政策金融公庫や自治体の公的な創業融資制度を利用するのが一般的

⑩ 創業融資の審査では、起業家の経験が重視される

⑪ 事業計画書で返済可能性をしっかりと説明する

⑫ 資金使途（つかいみち）を証明できる分までしか借りられない

⑬ 創業融資は一発勝負。できれば専門家と一緒に取り組む

⑭ 助成金や補助金をうまく活用する

⑮ 起業する、物件を借りる、販促、人材採用、システム開発などの場面で、助成金や補助金を活用できる可能性がある

⑯ 助成金や補助金は、事前に申請しないと受給できなくなる可能性がある

⑰ 助成金や補助金を受給するコツは情報源を確保すること

第4章 よく覚えとけ お金は大事！

 起業準備　行動チェックリスト

☐ 自己資金を集める手段は検討したか

☐ 退職金の金額を探ってみたか

☐ 個人信用情報に問題がないことを確認したか

☐ どの公的融資制度を利用するか決めたか

☐ 受給できそうな助成金、補助金について確認したか

ニャン吉先生のコラム

■助成金・補助金の活用が余裕を生む

売上高	61,884,362 円	
販売費及び一般管理費		67,643,980 円
営業損失		▲ 6,259,618 円
受取利息	311 円	
雑収入 (うち助成金・補助金)	8,211,780 円 (5,876,00 円)	
支払利息		246,581 円
経常利益		1,705,892 円
法人税など		470,744 円
当期純利益		1,235,148 円

　表はワシが支援している起業家の3期目の決算書だ。まだ3期目ということもあり先行投資がかさみ、経営は安定せず営業損失がマ

イナス、つまり本業で赤字になっている。ところが雑収入で助成金・補助金が入ってくることにより、トータルで見たら、最終的には黒字になっているのだ。

　このように、助成金・補助金をうまく活用すれば、起業当初の厳しい時期でも乗り切れる確率が上がる。すごく助かるのだ。さらには、2店舗目を出店する、新しいサービスを立ち上げるなど、さらなるチャレンジをするときのお金の余裕を生むこともできる。

　補助金や・助成金の最新情報を常に仕入れ、ぜひフル活用して欲しい。ただし、助成金・補助金欲しさにムリして人を雇うとか、本当は要らないのに対象になる何かに投資するとかは本末転倒だ。その点だけは気をつけるべし。

ニャン吉先生のコラム

■1円会社を作ったってダメ

　法律上は資本金1円でも会社（1円会社）を作ることは可能。ただ、実際に資本金1円の会社を作り事業を行う際にはかなり無理がある。

　例えばペン1本買う時点で、社長から借入をしないと買えない。

　そんな状態では、金融機関から融資を受けることも難しい。言葉のイメージに流されないよう注意するニャ。

第5章

集客がお留守だと
間違いなく
つぶれる！

おまいら、おはよう！

   おはよう

(みゃ〜〜〜〜)

 あ、かわいい！
これ、もしかしてニャン吉先生のところの子猫たちじゃない？

 ニャン吉先生に柄が似てるね。
かわいいね〜♡

そうじゃろ、そうじゃろ。

よし、あっちで遊んできていいぞ。

(みゃ〜〜〜〜〜〜)

おっほん。
さて、今週も続きからいくぞ。
ところで、おまいら、集客については考えているか？

 とりあえず、今までお世話になった人に
あいさつ回りはしようと思ってるよ。

第5章 集客がお留守だと間違いなくつぶれる！

オレの場合、「食べログ」とかに登録して、あとは駅前でひたすらチラシを配るよ。

おまいらなりに、いろいろ考えているようだな。ただ、そんなんじゃ全然足りないな。

そうだろうなぁ。お客様が来てくれるか不安だけど、集客の方法がよくわからなくて。

起業しても、全然お客様が来ないという不安は感じているほうが正解だ。
考えてもみろ。すでにたくさんの先輩企業があって、そこに殴り込みをかけるようなものだ。
知ってもらうためにあらゆる手段を使う必要がある。

だったら、どんな方法があるか教えてくれよ。

集客方法は大きく分けて、インターネットを使った**「オンライン集客」**、インターネットを使わない**「オフライン集客」**の2つに分類することができる。
まずはオンライン集客から見ていくぞ。
表を見ろ！！

■ オンライン集客の方法

	説明	メリット	デメリット
ホームページ	ホームページを作成して情報発信する方法	自由な表現、デザインで自社や商品・サービスのPRができる	制作費などの初期コスト、運営コストがかかる。上位表示されるための施策が必要
無料ブログ	アメブロなど、無料で提供されているサービスを利用してブログを公開する方法	初期コストがかからない。手軽に利用可能	定期的な執筆が必要。商用利用が禁止されている場合は利用不可
自社ブログ	自前でブログサイトを作成して情報発信する方法	自前のため、突然削除されるなどの心配がない	定期的な執筆が必要。初期コストがかかる。上位表示するなど、露出を図る施策が必要
メルマガ	メルマガを執筆して情報発信する方法	コアなファン作りに役立つ	定期的な執筆が必要。配信先リストを収集するための方策が必要
Facebook など SNS	Facebook などの SNS を使って情報を発信する方法	利用している層がターゲット客層と重なっている場合は効果あり	利用している限定的な層にしかアプローチできない
ポータルサイト	業種ごとに店舗・会社などを集めた各種ポータルサイトに登録する方法	ポータルサイト自体が既に上位表示されている可能性がある	多数のライバルの中で選ばれる必要がある

第5章　集客がお留守だと間違いなくつぶれる！

わぁ、こんなにたくさん。
いろいろマスターしていく必要があるね。

まずは基本中の基本が、**自社のホームページ**だ。
昔で言えば、紙の会社案内みたいなものだから、
最低限、持ちたいな。
それに、うまく活用すれば、24時間365日働き続け
てくれる営業マンのような存在にもなる。

でも、まだサービス内容とか価格とかさ、
決まっていない場合は、そういうのが決まってから
作ったほうがいいんじゃないかな？

その気持ちはよくわかる！
実際に、起業してから扱う商品やサービスの内容が変
わるなんてことはよくある。
その場合は、**自分で気軽に更新できるタイプのホーム
ページがオススメ**だな。
例えば、WordPressなどのブログツールを使用して
作成する方法だ。

たしかにそれはいいわね！
いろいろあとで変えられるのなら、最初から取り組み
やすいわね。

117

もうちょっとお手軽なのはないですかね？

もう少し手軽なものだと、メルマガ、ブログ、SNS。最近はメルマガやブログよりも SNS が流行っているな。

SNS ってさ、流行りすたりがあるでしょ？
そこはどうなのかな？

たしかに前はそうだった。
でも今は、**Facebook**、**Twitter**、**Instagram** など、定着しているものがこのまま残ると言われている。

私もやってみたんだけど、何を発信していいか、難しくてね。
コツとかってあるの？

ブログと似ているが、SNS は基本的には、仲のいい個人同士が交流するスペースだ。あからさまな宣伝は周囲の反感を買うかもしれないな。
いつもは、**周りが共感できるような情報を発信して、たまに宣伝させてもらう、みたいな気遣いができると効果的**だぞ。

なるほどねぇ。

第5章 集客がお留守だと間違いなくつぶれる！

SNSは拡散ツールだから、友達の友達へと、どんどんと情報が拡散していくように工夫すると効果的だ。
リアルの人脈を広げるツールとして活用している人も多い。

おぉ、スゴイね！ オレもやってみようかなぁ。
あとさ、オレみたいに飲食店を開こうとしている場合、さっきみたいなホームページを最初から作る必要はないと思うんだ。
「食べログ」とか「ぐるなび」とかさ、そういうのもあるだろ？

たしかにそれはあるな。
例えば、コンサルタント、飲食店、美容院など、各ジャンルごとに「ポータルサイト」と言われるものがある。
業種ごとにお店や専門家などの一覧が見られて、お客さんはその中から選んで申込むというものだ。

自社のホームページとはどんな違いがあるの？

ポータルサイトのいいところは、サイト自体の知名度が高いので、最初からたくさんの訪問が期待できるところだ。
ただ、逆に多くのライバルが登録しているから、その中で選ばれる必要がある。

119

なるほど〜。どれも近道みたいなものはないのね。
勉強しないと。努力が必要ね。

あたりまえだな。
それから**オンライン集客で一番やっちゃいけないことは「一度作ったらほったらかし」ということだ。**
放置したら、情報は古くなるわ、SEOで下がっていくわ、最悪だ。

SEOって何?

あぁ、そうだったな。
ちょっと難しいから、そのあたりの基本から教える。

オンライン集客の失敗事例で一番多いのは、アクセス数が伸びないことだ。
ホームページを作ってみたものの、1日に見てくれる人が一人だけだったら、売れるかどうか微妙だろ。

そりゃそうだよなぁ。
リアルの店舗で言えば、来店者が1日1名みたいなもんだもんなぁ。

そこで1日にサイトに訪問してくれる人を増やすために、いろいろな施策をしていく。

第5章 集客がお留守だと間違いなくつぶれる！

まずは、基本の SEO を教えていくぞ。

IT は苦手だから、お手柔らかにお願いします。

わかった。では、おまいらに質問だ。
このあたりでニャップルのパソコンの修理を
しているお店を探すとする。どんな行動をするニャ？

たぶん、パソコンとかスマホで検索するんじゃないかな？

そうだろうなぁ。で、そのあと、どこに依頼する？

えーと、1ページ目に出てきて、信頼できそうかとか、
あと値段が安いとか、そういうことで決める。

それだ！ 例えば、パソコン修理のお店だとしたら、
Yahoo! や Google などで検索したとき、
なるべく上のほうに出てくるってことが重要だ。

たしかにそうよね。

さっきワシが言った **SEO っていうのは、
Yahoo! や Google などの検索エンジンで上位表示さ
れるように最適な調整をすること**だ。

そんなことができるの?

そこはいろんなテクニックがある。
何番目に表示するかを決めているのはロボットだ。
そのロボットがどんな考え方をするのかを勉強すればいい。

なるほど! 奥が深いのね。
上位表示させるために、他にはどんな技があるの?

あとは**リスティング広告**(PPC 広告)もある。
広告費を払って、Google などの検索結果や、
Facebook などの SNS に広告を貼って自社ホームページなどに誘導する方法だ。

あぁ、検索結果のページの上とか下のほうに
「広告」って表示されるサイトかな?

そうニャ。
うまく活用すれば、ターゲットからのアクセス数や
問い合わせ数などを飛躍的に伸ばすことも可能だ。

広告費はいくらかかるんですか?

第5章　集客がお留守だと間違いなくつぶれる！

1クリックあたりの広告費がかかる。
キーワードの人気度の高低によって
クリックしたときの広告費単価が違ってくるぞ。

なるほど！　結構、お金がかかりそうだね。
最初はもっと地道なものがいいかもなぁ。
お金をかけない方法としてはどんなものがあるの？

まず、基本的なのは、コンテンツを充実させること。
例えば、ブログ自体を自社のホームページ内に作ってしまうこともよくある。

なるほど！
そこで情報発信をして、頻繁にホームページに
来てもらうようにするってことだね！

そのとおり！　ターゲット客層が知りたい情報を
コンテンツ化して発信するんだ。

それだったら、コストをかけずにアクセス数を
UPできるな。

そうニャ。
あとは、書くことによって、日々サイトの分量が増える分、SEOにも効果があるぞ。

そういう方法に欠点はないの？

もちろん、ある。
まず、書くために時間と手間がかかるから、
筆無精なヤツには向いてない。

わぁ。僕にできるかなぁ？
でも、やっぱりお金はかけないほうがいいの？

ホームページを作っても、ターゲットに見てもらえなかったら、存在していないのと同じ。
そのようにならないためにも、最初からどうやってアクセス数を増やしていくかの戦略は考えておかなければならないし、それを実行するための予算の確保は必要だぞ。
まずは、起業前からよく勉強しておくことが重要だ。

はい。がんばります。

第5章 集客がお留守だと間違いなくつぶれる!

■ Webサイトへの流入を増やす方法

	説明	メリット	デメリット
SEO	Yahoo!、Google などの検索エンジンで上位表示されるように最適調整を図る	法則を習得して実行すれば、コストをかけずにアクセス数を増やすことも可能	効果が出るのに最低でも数カ月の時間がかかる。業者に依頼すればコストがかかる
リスティング広告（PPC 広告）	検索エンジンなどに表示される広告。クリックごとに課金されるタイプが多い	ターゲット客層に響く効果的なキーワードを設定すれば、時間をかけずにアクセス数 UP も可能	1クリックあたりの広告費がかかる。人気のキーワードの場合、クリック単価が高額化する
コンテンツを充実させる（サイト内のブログなど）	ターゲット客層が知りたい情報を Web サイト上でコンテンツ化して発信する	コストをかけずにアクセス数を UP できる。分量が増える分、SEO にも効果がある	書くために時間と手間がかかる
こまめに更新する	情報を、まめに更新する	コアなファンがリピートでアクセスしてくれる可能性が上がる	更新するために時間と手間がかかる。業者に依頼すればコストがかかる

125

メルマガ・SNSなどと相互連携させる	自社のメルマガ・SNSとの連携を図り、そこからアクセスを集める方法	間口が広がり、さまざまなチャンネルからのアクセスが期待できる	多数のWebサイトを駆使する分、時間と手間がかかる
プレスリリース	新聞・雑誌などのメディア向けに広報を発表する方法	見事取り上げられれば、非常に高い販促効果が期待でき、知名度が上がる	取り上げてもらえる確率は非常に低い
アフィリエイト	アフィリエイターに協力してもらい、リンクから誘導してもらう方法	ある一定時期を狙って、一気にアクセスを集めたい場合に有効	アフィリエイターへの報酬が発生するため、ある程度以上のコストがかかる

ところで、オンライン集客以外にも、オフラインで集客をする方法もありますよね？
ひととおり教えてくださいよ。

だんだんと図々しくなってきたニャ〜。
仕方ないニャ、教えてやる！
おまいら、オフライン集客と聞いて、どんなものを思い浮かべる？

やっぱりさ、駅前でチラシ配ったりだろ？

第5章　集客がお留守だと間違いなくつぶれる！

そういうのを**ハンディング**と言うんだ。
代行会社に依頼する方法もあるし、最初は自分の空いた時間だったり、手の空いたスタッフに配ってもらうというケースが多い。
あいさつをしながら感じのいい対応をすることがポイントだ。

あと、マンションのポストなんかに、チラシを放り込んだりもあるよね？

それは、**ポスティング**だ。
飲食店とか、近隣の人に来店してもらいたいというビジネスには向いている。
ただ、撒いた枚数に比べて来客効果は本当に少ないから、割引とかフェアとか組み合わせるのが基本だ。

似たようなものでフリーペーパーもありますよね？

そうニャ。たまにはいいこと言うな。
地元で配布される**フリーペーパー**の広告枠に出稿する方法だな。
どのエリアに、どんな大きさで出すか、カラーか白黒かなんかで掲載料金は変わるぞ。

どういうターゲットだと効果的なの？

美容院とか、ケーキ店、飲食店とか、地元の主婦層がターゲットの場合、効果がある。
購読層は主婦が多いからな。

似たようなものだとチラシの新聞折り込みもありますね。

チラシの印刷代に加えて、新聞販売店に払う折り込み料も、全部で数十万以上はかかるぞ。
起業したばかりのヤツには、ちょっと負担かもな。
それだったら、フリーペーパーのほうが安い。

なるほど！ 勉強になるわぁ。

飛び込み営業はどうかな？

昔と比べて、訪問販売は規制が厳しいから難しいぞ。
ただ、飲食店を開業するときに近隣のオフィスなどにあいさつにいったり、そういう意味だったら、大事なことだと思うけどな。

あいさつかー。たしかに！

電話営業はどうですか？

第5章　集客がお留守だと間違いなくつぶれる！

電話営業で重要なのはリストだ。
リストをどう手に入れるか。
あとは電話をかけたときに信用してもらえるか。
でも確率は低いぞ。

そうねぇ。
あまり効率のいいやり方とは言えないかもねぇ。

効率的な営業方法でオススメは何？

起業したての営業で、王道は「**人脈**」だ。
おまいら、今までの仕事の中で知り合いとかたくさんいるか？
まずはあいさつ回りとか、SNSで宣伝とかして、そいつらに買ってもらうんだ。

あぁ、そうだよな。
しばらくはそれでいけるかもなぁ。

そうニャ！ ただし、いつまでも頼っていてはいかん。
過去の人脈に頼ってばかりでは、いずれ枯渇する。

だとすると、どういうのがいいかな？

甘えてんじゃニャーぞ！ 少しは自分で考えろ。

わ、急に怒りだした。すみません。

紹介とかもあると思うんだけど。

そうニャ。
紹介で大事なのはどんなことかわかるか？

紹介制度とか作っておくことじゃない？

それもあるな。
紹介してくれた人には○％を紹介料として渡すとか
制度を作っておくんだ。
他はどうだ？

え〜、なんだろ？

日頃の心がけと仕事そのものだ。
周りの人や既存のお客や取引先を大切にすること、
期待を裏切らないこと。
つまりは……。
「信用」ニャー！！
次々に紹介してもらえる状態を作ることができれば、
継続的に安定した売上を上げられる。

スゴイね！ さすがニャン吉先生。

第5章 集客がお留守だと間違いなくつぶれる！

そうじゃろ。そうじゃろ。
さぁ、ここは大事だからまとめておく。

■ **集客を考える場合は……**
① 起業当初の限られたマンパワーでいかに効率よく集客するか
② 起業当初の限られた予算でいかに効果的に集客するか

やり方は無限にあるが、ターゲットやエリアを絞り、それに合った最短ルートのアプローチを見つけることがコツ。

絶対にやってはいけないのは、
① 集客についての戦略を考えることなくスタートすること
② とにかく営業しまくればなんとかなるという精神論的ながんばり

反響を見ながら、さまざまな方法を試してみる、少しずつ変えてみるのも大事なことだ。
おまいら、がんばれ！！

うん。ニャン吉先生ありがとう！

131

■ オフライン集客の方法

	説明	メリット	デメリット
人脈・紹介営業	起業前からの人脈を辿ることを中心として、知り合いからの紹介で営業していく方法	業種によっては起業当初の即効性のある有効な手段になりうる	人脈だけに頼るのは限界がある。他力本願にならないため他の方法との組み合わせが必要
電話営業・飛び込み営業	営業電話をかけて訪問営業もしくは手当たり次第に飛び込み営業をする	エリア、業種などを絞り込めば有効な営業手段になりうる。有効な営業先リストがあればなお可	話を聞いてもらえるだけでもかなりの低確率。効率が悪い。マンパワーが少ない起業段階には不向き
ポスティング	近隣の住宅、会社などの郵便受けにチラシを直接投函する方法	近隣を対象とした業種では有効な手段になりうる。時間があるときに自分で配布すればコストがかからない	反響がある確率はかなり低い。仕事をした気になるだけで成果が出ない可能性が高い
ハンディング	駅前や店舗前の路上でチラシや販促物を手渡しで配布する方法	時間、場所、配布対象を絞れば効率的に配布が可能。時間があるときに自分で配布すればコストがかからない	受け取ってもらえる確率、反響がある確率はかなり低い。やり方が悪ければ効率が悪く成果が出ない
新聞折り込みチラシ	対象エリアの新聞に折り込んで配布してもらう方法	店舗系ビジネスなど商圏が限られている場合、一気に知ってもらえる可能性がある	印刷代と折り込み代がかかる。1回ごとに多額の費用がかかり、起業当初には向いていない

第5章 集客がお留守だと間違いなくつぶれる！

フリーペーパー	フリーペーパーの広告枠に出稿し、対象エリアに配布してもらう方法	主婦層がターゲット客層の場合、効果が期待できる	1回ごとに費用が必要。同業者の中で選ばれるには割引やクーポンなどが必要となる
セミナーなどの開催	セミナーを開催し、ターゲット客層との接点を持つ方法	ターゲット客層が興味を持つセミナーを開催すれば、そのまま営業につながる	セミナー自体の集客も考える必要がある。人を集めるのに苦労する可能性がある

ココだけは覚えとけニャ！
第5章のまとめ

① オンライン集客とオフライン集客、どちらも検討する

② さまざまな集客手段の組み合わせを考えていく

③ ホームページの内容は変わっていく。更新しやすいものにする

④ SNSは共感が大切。宣伝に走りすぎないように

⑤ SNSはインフォメーションツールではなく拡散ツール。拡散していくような工夫をする

⑥ SNSは人脈拡大ツールとしてもフル活用する

⑦ ポータルサイトの活用も検討してみる

⑧ SEOを勉強し、サイトが上位に表示されるよう常に意識する

⑨ リスティング広告について知り、活用を考える

⑩ チラシのポスティング・ハンディングやフリーペーパーを検討する

⑪ 知り合いや近隣のあいさつ回りは重要。必ず実行する

⑫ いつまでも過去の人脈に頼らないこと。そのうち枯渇する

⑬ 紹介制度について検討する

⑭ 起業前からずっと信用を大事にする

第5章 集客がお留守だと間違いなくつぶれる！

 起業準備　行動チェックリスト

□ オンライン集客、オフライン集客をひととおり検討したか
□ どのSNSを活用するか決めたか。アカウントを作成し実際にやってみたか
□ SEOについて、本を読むなどして勉強したか
□ 紹介制度を作ってみたか
□ 周りの人の信用を大事にしているか、自己確認したか

ニャン吉先生のコラム

■SNSでプレプロモーション?!

　お店やサービスを立ち上げるとき、お店の開店やサービスのリリースを待ってからSNSで告知をするのが一般的だと思っていないか？
　このやり方だと告知を読んでお店やサービスを知ってくれるまでに時間がかかり、オープン当初の集客に間に合わないことが多い。

　ワシが支援した起業家で、本当にSNSの使い方がうまいヤツはそういうやり方はしない。起業の最初の最初、準備段階のはじめからその様子を発信し続けることを選ぶ。
　つまり、お店やサービスが未完成の段階から、ガンガンと情報発信してしまうのだ。こういうやり方を「プレプロモーション」と言う。

　例えば、飲食店だったら、自分達が起業に至る経緯やいろいろな物件を見学する様子、経営陣の話し合いの様子、採用することになっ

たアルバイトスタッフのこと、日々進んでいっている内装工事の様子など、なんでもあからさまに発信し、認知度や自分達の事業に対する共感を高めていく。ファン作りを事前にしてしまうのだ。

　圧巻だったのは、内装工事の一部、壁の左官工事に協力してくれる人をSNS上で募集したことである。「DIY DAY」ということで一日体験を企画したのだ。日時と服装（汚れてもいい格好）を指定してお店に集合してもらい、壁を塗ってもらう。日頃のSNS上の発信でファンになってくれた人が喜んで協力してくれたのである。

　そうなれば、工事費用が少し浮くというのがメリットのように感じるが、そういうわけではない。手伝ってくれた人にとっては、「自分が作った店」だ。さらにその様子をSNSで見た人もファンになり口コミも拡がる。こうして、徐々に期待感を高めながらファンを集める。そうやってスタートダッシュにつなげるのだ。なんでもアイデアだニャ。

第6章

誰に協力して もらうかが カギになる！

よし、今日は気分がいいから、さらに続けていくぞ。
おまいら、事業の協力者として誰を考えているんだ？

どういうこと？役員とかかな？

そういうことだ。
例えば、役員ではなく、**社員として関わってもらう**という方法もあるし、
内部ではなく外部から**「外注」**扱いで関わってもらう人もいる。

あまりよくわかってないんだけど、
それぞれ、どんな違いがあるの？

まず、役員！　いわゆる経営陣だ。
経営に対する直接の責任が生じる。
で、労働者じゃないから、労働基準法などで守られるという立場ではない。

労働基準法とか適用されないとどうなるの？

最低賃金、残業代、休日とかの法律上の縛りがない。

厳しいなぁ〜。責任重いし、
余程の覚悟を決めてくれる人じゃないと無理だなぁ。

第6章 誰に協力してもらうかがカギになる！

そのとおりだ。やる気のあるヤツに限る。

役員の場合、他にも社員との違いはあるの？

給料の払い方が違う。役員報酬は税務上、期ごとに一度決めたら原則として変更できない。あと、ボーナスを払った場合、基本的に損金で落とせない。

損金で落とせないって？

ちょっと難しいけど、ガマンして聞け。
つまりはな、経理上は費用が発生しているんだけど、税金の計算上は認められないということだ。

ってことは、ボーナスを払っても、
税金の計算をするときに引けないってこと？

そうニャ。役員は毎月同じ報酬をもらって、
ボーナスは無しが基本だ。

社員にはボーナスを自由に出せますよね？

社員はもちろんＯＫ。あとは労働基準法とかの適用を受けるから、残業手当、深夜手当、休日労働手当とか、最低賃金とかは、労働者として守られる。

外注だとどうなる？

外注先という立場だと、あくまでも社外の人間だ。
請求書を発行してもらい、外注費を支払う。

 そっか。
ただ、外部の人間ということになると、
ちょっと仲間意識が薄れるかもなぁ。

そうだなぁ。
役員、社員、外注、それぞれ、責任、待遇、期待する役割、帰属意識などが違ってくる。
本人の意思を確かめながら、よーく考えて決めろ。

 うん、了解！
あと、株主っていう立場で参加してもらうっていう手もあるだろ？

もちろん。
株主として資金面での協力をしてもらう方法だ。
お金だけでなく、事業への協力も期待できる。

 他にはどんな形で関わってもらう方法があるかな？

第6章 誰に協力してもらうかがカギになる！

> あとは**顧問や士業・コンサルタント**とかで、**外部のアドバイザーとして協力してもらう**方法だ。
> 一歩引いた位置から経営に対するアドバイスをもらうことが期待できるぞ。

■どのように協力してもらうか　形態別の違い

○ 役員

経営に関するアイデアやスキルを提供してもらう。労働者ではないため、労働基準法などの適用はなく、最低賃金や残業代などのルールも関係ない。

○ 社員

自社に所属し、労働力を提供してもらう。労働基準法などの適用を受け、最低賃金や残業代などのルールが適用される。

○ 外注スタッフ

社外の人間としてリソースを提供してもらう。案件ごとに外注費を支払ったり、月極めで支払ったり、契約内容によってさまざま。
必要なときにだけ頼るということも可能。

○ 株主

株主として資金を提供してもらう。持ち株比率は経営に大きな影響を与えるため、慎重な検討が必要になる。

○ **顧問・コンサルタント**
外部のアドバイザーとして、知見やリソースを提供してもらう。客観的な立場から事業運営に対するアドバイスを受けることができる。

あぁ、それだと税理士さんもそうだよね？

そうニャ。**税理士はとても重要なパートナー**だ。
起業家が関わる可能性がある専門家の筆頭みたいなものだな。

税理士さんって、今まであまり関わったことないんですけど、どんなことをしてくれるんですか？

大きく分けて、例えるなら、
レンタル事務員的な機能と**レンタル役員的な機能**の
2つがある。
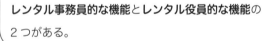

レンタル事務員的な機能？

経理のために事務員を雇用した場合、
最低でも15万円、20万円の給料が必要になる。
そしたら最初は負担じゃないか？

そうだな。最初の売上、利益からしたら、負担かもな。

第6章 誰に協力してもらうかがカギになる！

そうだろ。そこでだ。それよりもかなり抑えた金額で会計記帳とか税務の届け出とか申告とか、最低限必要なことをやってもらえるんだ。

それは助かるなぁ。プロだから間違いがないしなぁ。

で、レンタル役員的な機能っていうのはどんなこと？

起業家は最初、わからないことばかりだ。
銀行口座の開設、請求書の発行、領収書の保管方法、
役員報酬の決め方とか。
特にお金周りのことが苦手なはずだ。

たしかにそうだなぁ。
会社員時代はさ、経理とか財務担当者が
代わりにやってくれていたもんなぁ。

ふむ。もし、税理士を顧問に迎えれば、
経営に詳しい非常勤役員を社内に迎えたかのように、
いつでも相談できるようになる。

そういうことね。
専門的なことに不安があるよりも、そこは任せて自分は売上を上げるほうに集中したほうがよさそうね。

■ レンタル事務員的機能
会計処理などの必要最低限の事務処理を、高いクオリティでプロにアウトソーシングすることができる。最初から事務スタッフの人件費を抱えるというリスクを避けられる。

■ レンタル役員的機能
経営に詳しい役員がいるかのように、事業に関する相談に幅広く乗ってもらうことが可能。「そんなの知らなかった」というリスクを避け、本業で売上を上げることに専念できる。

でもさ、どうなんだろ？
みんな最初から税理士を顧問につけるものなの？

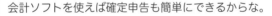
そうだなー。
個人事業の場合は50％くらいかもしれない。
会計ソフトを使えば確定申告も簡単にできるからな。
要は考え方次第で、事務は任せてマーケティングや営業に専念するか、全部を自分でこなそうとするか。

会社の場合はどうだ？

会社の場合、顧問税理士をつけないケースは
ほとんどない。

それはどうして？

第6章　誰に協力してもらうかがカギになる！

会社の決算申告は複雑だ。
とても素人ができるものじゃない。
例えば、一般企業での経理経験があっても余程の
レベルじゃないと申告までは対応できないぞ。

じゃあ、会社設立するなら、最初から税理士に相談しておいたほうがいいね。

そうニャ。できれば最初から税理士を顧問にしたほうが間違いないな。

■ 組織形態から顧問税理士が必要かどうかを考える

○ 個人事業として起業する場合

会計ソフトなどを使えば、記帳や申告書作成など、なんとか行うことはできるレベル。経理に対する自信の有無、本業に費やす時間の確保、経営についての助言を求めるかどうかなどが判断基準となる。

○ 会社設立をして起業する場合

会社組織の税務会計は非常に複雑。自分で無理に進めると、結局、断念したり、あとから大きな失敗につながる可能性もある。そのため、起業当初から顧問税理士をつけるのが一般的である。

でもさ、顧問料が払えないかもしれないじゃん。

おまいは間抜けニャ！
顧問料の支払いに窮するような計画だったら、
会社を作ること自体考え直したほうがいいニャ！

 げっ、そのとおりかも。

 あいかわらず、ニャン吉先生は厳しいですね。

 税理士をつけないと起こるリスクって何かな？

まず、代表的なのが税務上のリスクだ。
申告するべきなのにしてないとか、
金額を間違えて修正申告とかだな。

 そういう事例って多いの？

個人事業でもある。
あとで税務調査が入って、7年間さかのぼって
1000万円徴収されたみたいなケースもある。

 怖いね〜。自信がある人ならいいけどね。不安ね。

第6章 誰に協力してもらうかがカギになる！

税理士をつけないと発生するリスクは、他にもあるの？

いろいろある。
こんなケースだ。

■**法人で税理士をつけない場合に発生する可能性があるリスク**
- 無理して自分で申告書を書いてミスをし、あとで修正申告が必要になる
- もっと効率的な経理処理方法があるにもかかわらず、ムダな時間を費やす
- 有利な節税方法があるにもかかわらず、享受しない
- 助成金や補助金をもらえる可能性があるのに知らなかった

おまいら、結論だ。
ここらへんは重要だから特に強調しておく。
全部を自分で抱え込むと結局、損をするぞ。

そうねぇ。会社に勤めていたときに比べると、必要な知識の範囲もマンパワーにも限界があるもんね。

そうニャ。まずやるべきなのは、**自分が得意なことと他の人が得意なことをより分け、自分がするところ以外は誰かにやってもらうことを考える**ことだ。

そうだよなぁ。一人ひとりの人生で学んだり経験できることって、少ないもんね。
それぞれの道のプロのチカラをいかに結集できるかが重要なんだよなぁ。

ですね！ 大事なところですね。ここがうまくいけば、会社のスケールも大きくなりそうです。

そうだね。
周りをどう巻き込み、どう協力をとりつけるかだね。
これを機に、いろいろ考えてみるよ。

課題別に頼るべき専門家を表にまとめておいたから見ておけ。

第6章 誰に協力してもらうかがカギになる！

■ 課題別　頼りになる専門家

課題	専門家
会社設立相談、手続き依頼	司法書士、行政書士
許認可相談、手続き依頼	行政書士（内容により社会保険労務士）
資金調達、創業融資	税理士、中小企業診断士、認定支援機関
経済産業省系補助金	税理士、中小企業診断士、認定支援機関
厚生労働省系助成金	社会保険労務士
税務届出、会計記帳、申告書作成	税理士
社会保険手続き、労務相談・手続き	社会保険労務士
商標や特許の相談、手続き依頼	弁理士
法律相談	弁護士
集客、広告	コンサルタント、デザイナーなど

周りの協力と言えばさ、さっき話に出ていたけど、従業員を雇用することも考える必要があるよな？採用するときはどうすればいいんだ？

大事なところに気がついたな。
人事労務は会社の要だ。
会社の命運を左右すると言っても過言ではない。

うん。まずはさー、どうやって採用すればいいかな？

逆に聞くけど、おまいら、どうやって人を採用するつもりだ？

料理長は昔の同僚に来てもらって、あとはハローワークとかバイトの求人メディアかなぁ。

私は、会社の同僚にあとから合流してもらおうと思ってる。

それはいい考えだ。
同僚、後輩、部下とかだったら、経験・能力も把握しているし。気心が知れているから安心だ。
採用募集費用もかからないのもメリットだな。
最初の従業員の採用は、知り合いを当たるパターンは多い。

その場合、何か注意点はあるか？

引き抜きと誤解されかねないことだな。そう思われたら、お世話になった会社に不義理になるし、穴埋め費用とか損害賠償請求されるケースもある。
そのあたりの法的リスクについても専門家と一緒に検討して回避したほうがいいな。

第6章 誰に協力してもらうかがカギになる！

そうなのね。ちょっと簡単に考えすぎてたから、検討するわ。

あとさ、似たような話だと、友人とか仕事仲間から候補者を紹介・推薦してもらうっていうのも流行ってるよね？

あぁ、**リファラル採用**だ。
最近、ベンチャーで浸透しつつあるな。
SNSの活用がカギだな。

なるほどな。オレもSNSをはじめたほうがいいかも。
あと、普通にさ、ハローワークで採用するのはどんな感じなのかな？

ハローワークのメリットは、なんと言っても無料で採用募集できること。

デメリットもあるでしょ？

ハローワークの場合は、基本的にすでに退職していて求職活動をしている人が多いこと。

なるほど。その点、**ネットとかの求人媒体**だったら、もっと属性の範囲が広いよね？

151

そうニャ。ネットとかの求人媒体のメリットとしては、会社に在籍しながら転職活動をしている人も含めて幅広い層の応募が期待できることだ。

デメリットは費用面かしら？

うむ。正社員採用だと、普通に50万円とかかかる。ただ、最近は無料掲載できる採用媒体も増えてきたからうまく活用しろ。

人材紹介会社に依頼するっていうのはどうなの？

一番のメリットは、要望に添った人材をピンポイントで紹介してもらえることだ。
あとは、面接の受付、書類選考、採用・不採用の通知とか、こっちでやらなくていい。

デメリットはやっぱりコストかな？

そうニャ。入社時に成功報酬として年収の25〜35％程度の紹介手数料を支払う必要がある。

25〜35％！？
ってことは、例えば年収300万円の人を採用するとして、100万円とか手数料を払うってこと？

第6章 誰に協力してもらうかがカギになる！

そうニャ。起業当初はコストが合わないかもしれない。
成長期に入ったら利用することを考えたほうがよさそうだな。

■ **知り合いを当たる**
　起業・独立後の最初の従業員を採用する際、まずは知り合いを当たるパターンが多い。特に、以前の職場で一緒だった同僚、後輩、部下などであれば、経験や能力も把握しているし、気心が知れていて安心感があるのでオススメ。採用募集費用もかからないのがメリット。ただ、注意しなければならないのは、前の会社に在籍中の人を勧誘するパターン。引き抜きと誤解されかねない状況では、そのように誤解されないような気遣いが必要となる。法的なリスクについても検討し回避するように進めることが求められる。

■ **リファラル採用**
　友人や元の仕事仲間、SNSなどを通じて採用情報を広め、候補者を紹介・推薦してもらい、採用選考を行う方法。最近、ベンチャーで浸透しつつある採用で、SNS上でもよく見かける。

■ **ハローワークで求人をする**
　ハローワークで求人することのメリットは、なんと言っても無料で採用募集できるということ。デメリットとしては、ハ

ローワークの場合、すでに退職していて求職活動をしている
人などに限定されるため求人範囲が狭いこと。

■ ネットなどの求人媒体に掲載する

ネットなどの求人媒体を利用するメリットとしては、会社に
在籍しながら転職活動をしている人も含め幅広い層の応募が
期待できること。デメリットとしては、ある程度のコストが
かかる、採用面接の受付、書類選考、採用面接、採用・不採
用の通知など時間と労力がかかることなど。

採用媒体での正社員募集には、通常は50万円ほどかかる。
ただ、最近では無料で掲載できる採用媒体も増えてきた。う
まく活用すべし。

■ 人材紹介会社に依頼する

人材紹介会社に依頼する一番のメリットは、こちらの要望に
添った人材をピンポイントで紹介してもらえること。そして、
採用面接以外の採用手続き（採用面接の受付、書類選考、採
用・不採用の通知など）を外注できること。デメリットは、
年収の25〜35％程度の紹介手数料を支払わなければならな
いこと。起業当初はなかなかコスト的に合わないかもしれな
いが、成長期に入ったら利用する手もあり。

第6章 誰に協力してもらうかがカギになる！

ちなみにさ、従業員を雇用するタイミングって、起業してからどのくらいの時期がいいかな？
目安とか。

なかなか、ひと言では難しいな。
業種とか、社長の価値観とか、お金の状況とかによる。

そうだよな。オレみたいな飲食業だとさ、
最初から従業員が必要な場合が多いよな。

そうだな。
飲食業は親族だけで回していく場合以外は、
最低でもアルバイトは雇わないと回していけないことが多いかも。

他の業種だとどうですか？

どうしても最初から従業員やアルバイトが必要な業種以外は、最初は役員だけで回していったほうがいいことが多いな。

やっぱり、お金の面ですかね？

うむ。安定した売上が確保できていない間に従業員の給料を支払っていくのは大きな負担となるからな。

たしかになぁ。一度、従業員を雇用したら責任が発生するからなぁ。

 そうニャ。
数字が悪くなったからといって簡単に解雇できない。
労働基準法とかあるからな。

 そうよねぇ。家族も含めて従業員の人生や生活にも責任があるもんね。

 事業計画とか景気動向も考えて、
慎重な採用計画を立てることが重要だ。

 従業員の待遇って、
どんなことを決めればいいのかな？

 採用を決意したら、**役職**、**給与体系**、**休日**、
勤務時間などの待遇条件を決める必要がある。

 ボーナスとかも？

 そうニャ。まず基本給がどのくらいで、
どういう手当をどんな基準で支給するのか、
賞与や退職金を支給するのか、とかな。

第6章　誰に協力してもらうかがカギになる！

そうねぇ。
人手不足だし、待遇が悪いと集めるのも大変ねぇ。

最近の働き方改革の流れもあるから、
残業時間を少なくすることも、
採用とか定着に好影響をもたらすぞ。

そうだね。仕事の効率化も考えないといけないね。

従業員の給与面で、何か注意点はある？

優秀な人材が欲しくて、最初から基本給を高めに設定
すると失敗する。
給与が固定費化して、重い人件費が負担となる。

たしかにね。がんばって結果を残した人が
ちゃんと報われるようにしたいね。

能力、勤務態度、業績とかで、賞与やインセンティブ給
で報いるという給与体系がオススメだ。

なるほど！　考えてみよう。

従業員を雇用すると、他にどんなコストがかかるの？

社会保険料※、雇用保険料、労災保険料、定期代などの通勤交通費、備品（机、イス、パソコンなど）、福利厚生費とかがかかる。（※個人事業の場合、事業主負担にならないことが多い）

 そっかぁ。そうだよなぁ。だいたい給料のどのくらいの割合で見ておけばいいの？

給料以外に、ざっと2割から5割。そういうコストがかかるのを考えずに給料を決めるとあとで負担になるから注意だ。

 そうだなぁ。人を雇用するのも大変だなぁ。

まぁな。ただ、従業員が働きがいのある環境の中で力を最大限に発揮できれば、会社の業績も上がる。

 よし！優秀な人材に来てもらえるようにがんばろう。

 あとさ、入社が決まったら、どんなことをすればいいの？

入社が決まったら、労働条件通知書を作って、入社当日までに双方で交わすんだ。

第6章 誰に協力してもらうかがカギになる！

あぁ、自分が入社するときにやったかも。

あと社会保険の手続きとかはどうすればいいの？

従業員を採用するときの手続きは
表にまとめておいたから見てみろ（次ページ参照）。

わぁ、いろいろあって複雑で大変そう。
専門家に依頼する方法もあるでしょ？

もちろんあるぞ。社会保険労務士がその専門だ。
うちの会社でも依頼している。

そうなんだ。いい人、紹介してよ。

OK。あとで連絡先を送ってやる。

ありがとう！

■ 従業員採用時に必要になる可能性の高い手続きと提出書類

提出先	提出書類	提出する場合	提出期限
年金事務所	健康保険・厚生年金保険新規適用届	健康保険・厚生年金保険に加入する場合	健康保険・厚生年金保険に加入する日から5日以内
	健康保険・厚生年金保険被保険者資格取得届	健康保険・厚生年金保険に加入する場合	健康保険・厚生年金保険に加入する日から5日以内
	健康保険被扶養者（異動）届	被保険者に扶養する者がいる場合	扶養に入る場合、できる限り早く
	国民年金3号被保険者資格取得届	被保険者に被扶養配偶者がいる場合	扶養に入る場合、できる限り早く
労働基準監督署	適用事業報告	従業員を使用するようになった場合	労働基準法の適用事業となってからできる限り早く
	時間外労働及び休日労働に関する協定届（36協定書）	従業員に時間外労働をさせる場合	時間外・休日労働を行う前まで
	労働保険関係成立届	従業員を使用するようになった場合	従業員を雇った日から10日以内
	労働保険概算保険料申告書	従業員を使用するようになった場合	従業員を雇った日から50日以内
	雇用保険適用事業所設置届	雇用保険に加入する従業員を最初に使用するようになった場合	雇用保険への加入が必要な従業員を最初に雇った日から10日以内
	雇用保険被保険者資格取得届	雇用保険に加入する従業員を使用するようになった場合	雇用保険への加入が必要な従業員を雇った月の翌月10日まで

第6章　誰に協力してもらうかがカギになる！

ココだけは覚えとけニャ！
第6章のまとめ

① 誰にどんなかたちで事業に協力してもらうかを考える

② 役員と社員の違いを理解する

③ 社員と外注スタッフの違いを理解する

④ 株主として協力してもらう選択肢を考える

⑤ 顧問・コンサルタントとして協力してらもう選択肢を考える

⑥ 税理士は最も重要なパートナー。コストだけではなく慎重に選ぶ

⑦ 全てを自分で抱えず、専門家を味方につけることを覚える

⑧ 従業員を雇用するタイミングを考える

⑨ 自社に適した採用方法を模索し、確立する

⑩ 給与や待遇面をどうするか、慎重に検討する

⑪ 雇用すれば、給与以外にも多くのコストがかかることを理解する

⑫ 雇用には雇われた人の人生を背負うという責任が伴う

⑬ 雇用すると給与計算、年末調整、社会保険や労働保険などの手続きが発生する

⑭ 人事労務では社会保険労務士を味方につける

起業準備　行動チェックリスト

☐ 事業に協力してくれそうな人は誰か、書き出してみたか
☐ それぞれ、どの立場で事業に協力してもらうか、決めたか
☐ 自分一人で抱え込んでいないか、自己確認できたか
☐ どの税理士を頼るか、決めたか
☐ どのタイミングで社員やアルバイトを雇用するか検討したか
☐ 社員やアルバイトの待遇はどんなものか、検討したか
☐ どの社会保険労務士を頼るか、決めたか

第6章　誰に協力してもらうかがカギになる！

◀Ⅻⅲ　ニャン吉先生のコラム　◀Ⅻⅲ

■ 誰を味方につけるかで、起業の成否は大きく変わるぞ

　起業家が誰かに何かを発注する場合、「まずは知り合いに」という思考回路になることが多い。ロゴ制作、ホームページのデザイン、税理士、司法書士など。お世話になった人や義理人情を大切にする日本人ならではの発想かもしれない。さらに「お友達価格」でやってもらえるなら、コスト面でも助かるというメリットもある。

　ただ、「ビジネス」という視点で見た場合、より高い成功確率を求めるなら、義理人情やコストに流されず、選択できる範囲内で最高の実力を持つ人に発注したほうがうまくいく可能性は高まるのではないか？　市場での激しい競争の中で、ライバルもそうしているのだから。誰を味方につけるかで、起業の成否は大きく変わるぞ。

　ロゴ制作も、ホームページデザインも、税理士などの専門家も、誰を味方につけるかで事業に与える影響は大きい。もし、間違った人を選んで、事業にマイナスの影響を与えられてしまったら、余裕のない状態に置かれやすい起業家としては痛手なのだ。この点を強く意識するべし。

　もし、人脈が足りなくて、そもそも選択肢が少ないと感じるのであれば、人脈が広くて、各分野で実力がすごい人を紹介してくれる人物を早い段階で見つけよう。無料相談を利用して、専門家に会ってみるのもオススメだ。ワシも日頃からそうした紹介を頼まれることが多いぞ。

第7章

リスクを回避しないと続かない！

次週の日曜日、笑顔で集まってくるメンバーの中で一人、良太だけが浮かない顔をして現れた。

ニャン吉先生。相談があるんだけど……。

どうした？ 言ってみろ。

ボク、起業するのが怖くなっちゃったよ。

ん？ 最初の勢いはどうした？

知り合いで３年前に起業した人がいるんだけど、
全然食えないって愚痴言っててさ。
ボクも自信なくなってきた。

なるほどな。
まぁ、準備不足だといろんなリスクもあるからな〜。

たしかに起業したときのリスクが怖い
っていうのはあるよな？

ねぇ。ニャン吉先生の経験でさ、
こんなリスクに対策しておくといいよ！
みたいなの、ある？

第 7 章　リスクを回避しないと続かない！

あるぞ、たくさん。しかも全員に関係するようなのが。

 教えておいてよ。少しでも不安を解消したいからさ。

しょうがないな〜。
では、まずはじめに。
起業することにおまいらの家族は何て言ってる？

 あぁ、うちはオレが昔から起業して店持ちたいって言ってるから応援してくれてるよ。

 うちの場合はやや反対気味かなぁ。
不安はないってこと説明しないと。

 うちもそうねぇ。
リスクがない範囲でなら OK なのかも。

そうだろう。それが現実だ。
「こういうのを嫁（旦那）ブロック」と言ったりする。

 そうなんだ。やっぱりそういうケースは多いの？

かなり多い。会社設立の直前で離婚を切り出された、
なんていうのもある。

167

え〜。そこまで？ やっぱり重要だな。

 そうニャ。だからリスクとして最初に考えるべきことは、**いかに家族の協力を取りつけておくか**だ。

 たしかにねぇ。
うちの旦那みたいに安定した公務員だったりするとなかなかそういう生き方を理解してもらえないかも。

 反対されたら、起業準備の努力がムダになるばかりか、関わってきた人に迷惑をかける。起業を決意したら、早めに家族に話して理解を深めておくことだ。

 他にはどんなリスクがある？

 ズバリ！ **健康**だ！

 あぁ、健康か。たしかに。
身ひとつで起業するんだから、
健康を崩しちゃったら大変だよね。

 もし、体調を崩したら大変だ。マンパワー的にも収入的にも非常に厳しい状況に追い込まれてしまう。

 忙しさとかストレスとかで、体調崩しやすいよね。

第7章　リスクを回避しないと続かない！

そうニャ。
事業が軌道に乗るまでの最初の3カ月間は、やることが山のようにあるから疲労で倒れてもおかしくない。それに休みなんてしばらくないかもしれない。

そりゃそうだなぁ。
逆にさ、のんびりと休んでいるようでは事業を軌道に乗せることは難しいだろうなぁ。

そうニャ。重要になってくるのが体力だ。

　たしかになぁ。どうすればいい？

まずは体力をつけておくことだ。
ジムに通ったり、何かのスポーツをはじめたり、起業の決意をきっかけにはじめろ。

　あと、やっぱり自分が病気とかで倒れちゃったら、家族や従業員が生活できなくなるってこともあるよな？

そうニャ。気になることがあれば、今のうち、
医者とか歯医者にかかっておけ。

169

あぁ、オレ、健康診断でひっかかって放置してるのがあるからなぁ。今のうちにかかっておこう。

私も!! 親知らずをそのままにしてきたけど、歯医者に通っておこう。
でも仕事忙しくて時間ないからなぁ。どうしよう。

そこまで面倒見れるか!
起業したら、もっと時間がなくなるニャ!
はやく行ってこい!

そうよね。そうするわ。あとでもう予約しちゃおう。

健康に気を使い、スポーツをする習慣を身につけている経営者が多いのも、仕事のための健康維持と体力作りを兼ねているからだ。
起業したらよくわかる!

あとはどんなリスクに備えるべきかな?

では、質問だ。
おまいら、今自分が計画しているビジネスがすぐに軌道に乗らなかったらどうするつもりだ?

うーん。じっと耐えつつ、時を待つ?

第7章　リスクを回避しないと続かない！

ボクだったら、
しゃかりきに動き回って営業するけどなぁ。

相変わらず、おまいら単純ニャー！ ポンコツか？
ありがちな思考回路だ。

じゃあ、どうするの？教えてよ。

これは、ひとつの考え方だ。
例えば、システムエンジニア経験のあるヤツが、
ビジネス向けのマッチングサイトの立ち上げで
起業することを検討しているとする。

サイトを完成させて世の中に広告し、広告掲載企業への営業とか会員増加を図ることが必要よね。

そう。軌道に乗るまで、ざらに1年以上かかるということもある。
こんなケース、おまいらだったら、辛くないか？

たしかになぁ。お金もどんどん減っていくよなぁ。

こんな場合に備えて、何か**別のビジネスも用意して、
食いつなげるようにしておく**んだ。

なるほど！

例えば、このケースだと、
下請けとしてシステム構築の仕事を受託するとか
ホームページの作成を受託するとか、
いろいろとある。

 飲食店経営だとどんなのがある？

飲食店経営だと全然なさそうに見えるがそうでもない。
例えば前職関係でプロデュースの仕事をしたり、
セミナーをやったり、いろいろだ。

 うーん。オレ、そういう才能はないからなぁ。

やる前から、できないと決めつけてどうするニャー！
考えてみろニャ！

 げっ、また怒られた。オレ、考えてみるよ。

あと、売り方を変えるということもある。
例えば、出前用のメニューを開発しておくとかな。

 なるほど〜。それならオレにもできるぞ。

第7章　リスクを回避しないと続かない！

昔から、「3つのビジネスをそれぞれ7通りの売り方をしろ」という。21通りあれば、どれかひとつくらい当たるという考え方だ。

いいね！ 精神的にも少し楽になったよ。

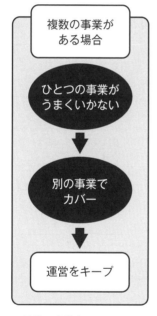

複数の事業を展開しておけば、ひとつの事業がなかなか軌道に乗らなくても食いつないでいくことが可能。
金銭面でのリスク分散につながり精神的にも楽になるはず。

前職のスキルや関連ビジネスを考えればできることが拡がる

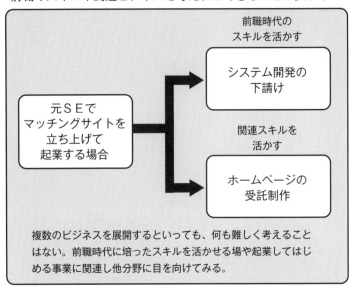

複数のビジネスを展開するといっても、何も難しく考えることはない。前職時代に培ったスキルを活かせる場や起業してはじめる事業に関連し他分野に目を向けてみる。

あれこれ手を出さずにひとつの事業に集中しろ！という考え方もある。
ただ、飢え死にするよりはマシだ。

そうだなぁ。考えてみよう。

銀行の融資審査のときも大事な視点だ。
起業前にこの点もじっくりと考えろ。

さっき、誰かが言ってた、「じっと耐えつつ、時を待つ？」とかっていうの、あれ0点だ。

第 7 章 リスクを回避しないと続かない！

え、どうして？ あきらめずに自分のスタイルを貫いたほうがいいでしょ？

成功した有名起業家でも 100 発 100 中はない。

あぁ、そうなのかもね。
伝記とか読むと、失敗してるもんね、いろいろ。

そう。小さな失敗を積み重ねての成功がある。
小さな失敗をするってことは
小さなチャレンジを積み重ねたってことだ。

小さなチャレンジってどんなこと？

例えば、ある成功者が言っていたことが参考になる。
1 年は約 50 週ある。
ということは 50 回のチャレンジができる。
新しいサービスをリリースする、売り方を変える、サイトの文言を変えるとか。
そういうのを年に 50 回できるってことだ。

そういうことね！ つまりはスピードを重視して、たくさんのチャレンジを回してみろってことね。

175

そうニャ。仮説と検証を高速回転で繰り返した先に成功がある。
逆に起業に失敗するときに多いのは、全然結果が出ないとしても最初に決めた商品・サービスや売り方に固執して思考停止状態で突っ走ってしまうケースだ。

なるほど。事業計画書にこだわらず、日々、あれこれ試してみるのが大事ってことか。

そうニャ。ダメなら勇気を持って方向転換だ！
まずはやってみるべし！

あとさ、気になってるんだけど、
お金の面でのリスクは、どんなことがあるかな？

うむ。「入るを量りて、出ずるを制す」。
おまいら、聞いたことあるか？

なんだろ？ 経費とかのこと？

まぁ、そうだな。まずはできるだけ売上を上げて、
できるだけコストを下げるという意味だ。
経営の基本だ。

そうだよな。それができていれば絶対に安泰だよな。

第7章　リスクを回避しないと続かない！

ただ、必ずしもそうとは言えん。

なんで？

おまいら、黒字倒産って言葉、聞いたことあるか？

あぁ、なんとなく聞いたことあるかな？
どんなことだっけ？

例えば、いくら利益が出て黒字でも、
売上の入金タイミングが遅かったり、前払いの仕入とかが多ければ、キャッシュが足りなくなる。

そんなことってある？
例えば？

例えば、システム開発業者が大規模なプロジェクトを受注して、大きな利益が見込めるとするだろ。
でも、お金の入金は6カ月後の完成からさらに1カ月後だとする。

あぁ。その間、家賃とか給料とか外注費とか出続けるのね。

177

そう。さすがだ！
そうすると、途中でキャッシュが足りなくなる
可能性があるよな？

なるほど。確かにねぇ。怖いね。

つまり、**会計上の利益と、この先のキャッシュが足りるかどうかは、必ずしも一致しない**んだ。
気をつけるんだ。

どうやって？

最低でも3カ月先までの資金予測をすることだ。
それを見越して早めに対策すること。
おまいら、資金繰表って聞いたことあるか？

聞いたことはあるけど、どんなのだっけ？

これを見てみろ。

第7章　リスクを回避しないと続かない！

資 金 繰 表

（単位：千円）

			1月予想	1月実績	2月予想	3月予想	4月予想
	前月より繰越　（イ）		8,525	8,523	8,136	8,978	9,515
収	経常収入	現 金 売 上	500	475	575	625	480
		売 掛 金 回 収	2,153	2,153	2,520	2,522	2,422
		手形期日取立	1,200	1,200	1,122	1,500	1,500
		手 形 割 引	0	0	0	0	0
		（小　計）	3,853	3,828	4,217	4,647	4,402
	雑収入・その他収入		100	150	130	120	145
入	合　　計　　（ロ）		3,953	3,978	4,347	4,767	4,547
支	経常支出	現 金 仕 入	52	58	65	80	45
		買 掛 金 支 払	1,550	1,550	1,457	1,338	1,750
		未 払 金 支 払	660	660	800	578	338
		支 払 手 形 決 済	887	887	765	777	852
		人 件 費	750	740	750	800	760
		その他経費	100	111	110	110	110
		（小　計）	3,999	4,006	3,947	3,683	3,855
	支払利息 ・ 雑支出		55	55	54	68	68
	定期積金・定期預金		50	50	50	50	50
出	税 金・配 当		0	0		75	0
	設 備 投 資		0	0	1,200	0	0
	その他経常外支出		0	0	0	0	0
	合　　計　　（ハ）		4,104	4,111	5,251	3,876	3,973
	差引過不足（イ＋ロ-ハ）		-151	-133	-904	891	574
財務収支	借 入 金（短 期）		0	0	0	0	0
	借 入 金（長 期）		0	0	2,000	0	0
	借入金返済（短 期）		0	0	0	0	0
	借入金返済（長 期）		254	254	254	354	354
	翌 月 へ 繰 越		8,120	8,136	8,978	9,515	9,735

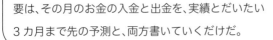
おぉ、こんな書式なんだね。難しそう。

難しくはない。
要は、その月のお金の入金と出金を、実績とだいたい3カ月まで先の予測と、両方書いていくだけだ。

この書式を使わないといけないの？

いや、書式は特に決まってない。
エクセルとかの表計算ソフトで
自分が管理しやすいようにアレンジしてもOKだ。

わぁ。覚えることがいっぱいだぁ。

銀行での借入をするときも審査で必要になる。

書くときの注意点はある？

ひと言で言えば、「堅めの予測」をすることだ。

堅めの予測？

収入は控えめに支出は多めに予測、
入金のタイミングはやや遅めに、支出のタイミングはやや早めに予測する。

第7章 リスクを回避しないと続かない！

どうして？

経営をしていれば、何が起こるかわからないからだ。

なるほどねぇ。
堅めの予測をしていれば、突発的なことでも対応できることが多いってことね。

私も資金繰表の書き方をマスターしよう。

うむ。おまいら、資金繰りの基本をまとめたから読んでおけ。

■ **資金繰りの基本7か条**
① 資金繰表は必ず作成
② 入りは最小に、出は最大に予想
③ 支払条件には敏感に。最初によく考える
　～入金は早め、出金はなるべく遅く～
④ 現金商売に優るものなし
⑤ 無借金経営がいいとは限らない
⑥ 倒産リスクにも備える。与信の重要性
⑦ 設備投資は資金調達とワンセットで

資金繰りって重要なんだなぁ。
でもさ、それでも足りなくなる可能性ってあるよな？
どう備えればいいのかな？

考えておくといいのは
予備の資金を手元に残しておくことだ。

最初の自己資金で手持ち資金を全部出すなってこと？

そのとおり。
創業融資を受けるとき、自己資金として持ち金全部を
投入するのは怖いことってわかるな？

たしかにね。生活もあるもんね。

そうニャ。
生活もあれば、教育費とか老後のお金とかもある。
だったら、なるべく、自己資金は少なめにして借りる
金額を増やすことを考えるんだ。

なるほど！ で、本当にヤバいときに
それを取り崩すってことかな？

第7章 リスクを回避しないと続かない！

わかってきたな〜。感心だ。
社長個人の手元にお金を残しておくのも重要ってことだ。

おぉ、ボクもそういう考え方をするよ。
でもさ、それでもまかなえないほどの何かのリスクを冒してしまう可能性もあるよね？

ある。もちろん。経営ってそういうもんだ。

そうよね。大企業だっていろんなことに巻き込まれてニュースになってるもんね。
そういうのはどうやって備えればいい？

うむ。例えば、社長であるおまいらがケガや病気で仕事ができなくなってしまった場合の保険とかある。

どんな保険？

所得保障保険というもので就業不能になったとき、保険金として設定した金額を給料のように受け取ることができるんだ。

お、それはいいな。安心だよな。

他にもあるぞ。
モノを輸入して売るんなら**PL保険**（製造物責任保険）に入るのが常識だし、**火災保険**とか**自動車保険**とか、あと建設業だったら**任意の労災保険**とか。

社長や役員、従業員の死亡保険とかもあるでしょ？

そうニャ。おまいらが万が一、亡くなったときに
残された家族のことも考えニャならん。
従業員が会社を回していけるように対策も必要だ。

そうねぇ。起業したら、リスクと保険には敏感になっておかないとね。

第 7 章　リスクを回避しないと続かない！

法的リスク
- 許認可など知らぬ間に法を犯す
- 契約トラブル
- 損害賠償

対処法 あらかじめ専門家に相談し、コンプライアンスを徹底する

金銭的リスク
- 売上不足
- 売掛金回収
- 税金、資金繰り

対処法 取引先を慎重に選ぶ、借りられるうちに融資を受けておく

雇用リスク
- 給与トラブル
- 責任トラブル
- 労務トラブル

対処法 雇用の際の十分な話し合いと事前の専門家への相談が大切

事故・災害リスク
- 労働災害事故
- 自動車事故

対処法 危険予知と対策についての知識を深める、保険に加入しておく

健康リスク
- 体調不良
- 入院

対処法 定期的に健康診断を受ける、日々の生活習慣に配慮する

規模的リスク
- 目が行き届きにくい

対処法 急速に拡大しない、早急に遠隔地に支店を出さない

ひとつ、聞いていいですか?
今すぐ会社を辞めて起業するのではなく、定年を迎えるまでは副業にしておきたいんです。
リスクを避けたいですからね。
そういう選択をする人も多いですか?

結構いるぞ。
大手企業でも最近は副業を解禁してるからな。

やっぱり、そうなんですね。
その場合のリスクってどんなことですか?

副業の場合は、まずは今の会社との関係だな。
就業規則で禁止していないかとか、
競合するビジネスにならないかとか、
会社の機密情報と関係しないかとか。

そうですよね。ルールは守りたいし、
会社に迷惑をかけることはしたくないので、
そのあたりは気をつけないといけませんね。

あとは税金とか、そのあたりはどんな注意点がありますか?

第7章　リスクを回避しないと続かない！

一定以上の利益が出て、確定申告をしなければならない場合、必ず申告することだ。
慣れないと思うから、あらかじめ税理士に相談しておいたほうがいい。

もうひとつ、盲点がある。
副業といえど、確定申告するということは、経営成績として残るということだ。
あとで本格的に起業して、公庫とかで融資してもらうときに審査の材料にもなる。

気を引き締めて取り組まないとなりませんね。
事業そのものには、どんな注意点がありますか？

ズバリ！　時間との戦いだ。
時間がなくて、中途半端に終わることも多い。
そのあたりを考えておかニャならん。

あぁ、なるほど。たしかに本業も忙しい中、どうやってマンパワーを確保するかがカギになりそうですね。

そうニャ。本業を持ちながら副業をするのは大変だけど、得るものも大きい。
そのあたりをまとめておいたぞ。

ありがとうございます！

■ **副業のメリット**

○ **事業の成否を見極めることができる**

最大のメリットは、ビジネスが成功するかどうかをじっくりと見極めながら、起業家としての人生か、会社員としての人生かをゆっくりと判断できること。仮に失敗しても元の人生を歩んでいける。

○ **副収入を得られる**

副業の収入を安定的に得ることに成功すれば、給与以外の収入が入ってくる。将来、会社を辞めて本格的に起業するときの自己資金を貯めておくことも可能。

○ **安定した収入源を失わずに事業をはじめられる**

本格的に起業する場合、収入面で不安定な状況からはじまる。副業であれば、会社員として給与を得ながら事業をスタートすることが可能。

○ **スキルアップできる、経験を積める**

本格的に起業する前にスキルアップを図り経験を積むことができる。改善点やニーズなどについて多くの気づきを得て、商品・サービスのクオリティを上げておくことも可能。

第7章　リスクを回避しないと続かない！

○ 経営感覚を磨くことができる

実戦の中で経営感覚を磨くことができる。自分で事業をすると事業に関連する全分野の知識や経験が蓄積される。視野を広げ能力も上がるという相乗効果を期待できる。

○ 人脈を広げることができる

副業をしていれば、会社員生活では関わりのなかった人々に会う機会も増える。そこで得られた人脈は、今後の人生での大きな財産となる。

○ 本格的に起業するまでの間に集客できる

副業期間中に集客しておくことができる。会社を辞めて本格的に起業する段階で、最初は売上0円という状態を回避することが可能になる。

■ 副業のデメリット

○ 時間がとれない

副業で事業をスタートする場合、最大のネックは時間。本業である会社員としての時間の他に副業の時間を確保するのは難しいというケースも多い。

○ マンパワーが確保できない

ある程度の事業を行うには、マンパワーが必要。この点、どうやって事業を推進するだけのマンパワーを確保するかという問題が発生する。

189

○ **仕事内容が制限される**
事業主である自分自身が会社員である以上、はじめられる事業の内容に制限が出る。副業でもできる内容に限定されてくる可能性あり。

他にも質問はあるか？

 あの、悲観的なことで悪いんだけどさ、いろいろやってみて、どうしてもうまくいかないときもあるよね？どんなタイミングで諦めるとか、続けるとか、そういうのってある？

悲観的ってわけじゃないな。その発想はいいことだ。最悪のケースの対処法も検討しておくべきだ。

 例えば、どんな感じ？

「**3年間やってみて、全然ダメだったら撤退する**」とかだ。

 最初から決めておくってことね？

そうニャ。
そのあと転職するとか、具体的に考えておく。

第7章　リスクを回避しないと続かない！

あぁ、たしかになぁ。
それだと起業するときに腹をくくりやすくなるなぁ。

そうだね。
自分の中で納得する撤退ラインを決めておけば、その間、全力で必死に取り組むことができるよね。

うむ。おまいら、そこも真剣に考えておけよ。
まぁ、ここまで、いろいろリスクについて話してきたけど、まとめに入るぞ。
おまいら、よく聞いておけ。
リスクで一番大きいもの。それはズバリ！！
「起業、経営を甘く見ること」 ニャ！

うわ！ なんか耳が痛い。自信ないよ。

そうじゃろう。
できあがった組織で一部分だけやってるのと、
全てを一から作り上げていくこと、
この両者にはものすごい差があるんだぞ。

ここまでいろんなリスクを見てきたけど、
やっぱり経営ってホント怖いもんね。

そうニャ。事業を進めるときは、
あらゆる方面からリスクを検討して、
ひとつひとつ慎重に進めていく必要がある。

うん。なんか起業家として成長してきた気がするよ！

気が早いニャー！
まだまだこれからだニャ。

よし、今日はここまで。
今日までで基本的なところは伝授したはずだ。
まずは各々で構想を固めたり、準備を進めたりしてみ
ろ。
進んできたところでまた集まるぞ。

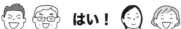

はい！

第 7 章　リスクを回避しないと続かない！

ココだけは覚えとけニャ！
第 7 章のまとめ

① 起業のリスクを知り、回避手段を考えておく

② 家族に反対されないように、あらかじめ協力をとりつけておく

③ 健康は大事。定期的に健康診断や人間ドックを受ける

④ 起業当初はかなり体力が必要。体力をつけておく

⑤ 歯の治療など、起業前にやっておけることをしておく

⑥ 軌道に乗るまでに食いつなぐビジネスも考えておく

⑦ 複数の事業を用意しておけば、リスク分散になる

⑧ 必ずしも事業計画書どおりにはいかない。いろいろ変えながら試す

⑨ キャッシュフローや黒字倒産の怖さを知る

⑩ 資金繰表をつけ、キャッシュフローを把握するクセをつける

⑪ 堅めの予測を身につけ、早めに対策する

⑫ 保険でカバーできるリスクにはあらかじめ対策しておく

⑬ 副業のリスクを確認しておく

⑭ 自分なりの撤退ラインを決めておく

起業準備　行動チェックリスト

☐ 起業することについて家族に十分に話をしたか
☐ 健康面での不安はないか、確認したか
☐ 複数のビジネスを用意したか
☐ キャッシュフロー面での不安がないか再確認したか
☐ 楽観的な計画になっていないか自己確認したか、専門家に聞いたか
☐ 入るべき保険について実際に確認したか
☐ 自分なりの撤退ラインと覚悟を決めたか

第7章 リスクを回避しないと続かない！

ニャン吉先生のコラム

　サッカーも野球もラグビーも、攻めだけじゃなくて、守りを固めない限り勝つことはできない。経営だって同じだぞ。攻めることばかり考えていないで、守りも強く意識するべし。成功している経営者は常に攻めているように見えて、ちゃんと同時にリスク回避も考えているものだ。

　まず、これから起きるかもしれないリスクと得られるかもしれないリターンが釣り合っているのかという視点が大切だ。この視点が欠けていると、長期的に見て、突発的なことが起きて経営が危なくなる可能性がある。目の前に転がり込んできたビジネスがいくら儲かりそうなものだとしても、あまりにもリスクが大きいと判断できるなら敢えてやらない、という視点も持ち合わせよう。その確固たる尺度を自分なりに持っておくことが大切だ。

　契約書の内容も大事なことだぞ。法律に詳しくないなら、必ず専門家も交えて契約内容をよく吟味しろ。仕事欲しさに相手のいいなりになることだけは避けなければならない。

　それと起業当初は起業家本人の健康や体調が及ぼす影響は大きい。健康に気をつけ、体力もつけておくのが基本だが、万が一、自分が病気やケガで倒れてしまったら、どうやって事業を回していくのか、常に考えておかなければならない。こればかりは保険に入ったところでカバーできないことも多い。その意味でも、早く事業を育て、ナンバー2と言える人物を育てるというのも、社長の大事なミッションなのだ。

195

第8章

大事なのは準備と行動

しばらくあいて半年後……NYAINE でニャン吉先生から召集がかかり、週末に代々木公園で集まった。

おまいら、ひさしぶりだな。
どうだ？　起業の準備は進んでいるか？

ニャン吉先生！
オレはね、いろいろいい物件が見つかってきてさ、
着々と準備を進めているよ！

私はもうちょっとって感じ。
最終的な構想が固まったら、
会社に退職の話をしようと思ってる。

おぉ、それはよかった！
他のヤツらはどうだ？

なかなか進んでいないんだよ〜。

私もなかなか進んでいないよ。

私も！

第8章 大事なのは準備と行動

ねぇ、起業準備中に、どんなことをやっておくべきなの？
あと、心がけておいたほうがいいこととか。

うむ。ここまできたら、総仕上げだ。
そこら辺を話すぞ。

お願いします。

経営は①**ヒト**、②**モノ**、③**カネ**、④**情報**の4つが重要と言われている。
この4つを改めて確認していくぞ。

まず、①**ヒト**だ。

ヒトと言えば、やっぱりさ、
起業するには人脈って重要なのかな？

起業したら、**人脈の重要性**に気がつくことになる。

たしかになぁ。
起業したら無名の存在でしかないもんなぁ。
いきなり信用してもらえる保証はないし。

ただ、人脈構築に必死になればいいかと言えば、
ちょっと違うかもしれん。

例えばどんなこと？

まず、最初に肝に銘じなければならないのは、
人脈とは名刺の数ではないということだ。

どういうこと？
私、Facebookの友達なら、1000人は超えてるよ。

じゃあ、質問するぞ。
今、もし、おまいらがすごく困っていたとして、
すぐに飛んできて助けてくれる人は何人いる？

うーん。5人くらいかな？

10人くらいだと思うな。

そうだろう。たったそれだけだ。
本当の意味での人脈とは、
おまいらが本当に困ったときに、
体を張って助けてくれる人間がどれだけいるかだ。

第8章 大事なのは準備と行動

なるほどねぇ。たしかにそうかも。
名刺の数でも、Facebookの友達の数でもないのね。

そうニャ。例えば、
ビジネス交流会に出て人脈を広げるのはいいことだ。
ただ、やみくもに名刺交換をしてもしょうがない。

ビジネス交流会では、どんなスタンスでいればいい？

例えば、交流会が2時間だとしたら、全員と名刺交換をするなんて発想はナンセンスだ。

もっと一人ひとりとじっくり話したほうがいいってこと？

本当にビジネスに対する価値観が同じで、一緒にビジネスをできるような出会いがひとつでもあればいい。数じゃない。

そっかぁ。心がけるよ。

まずは協力してくれる役員とか従業員、外注する人達、出資してくれる人、取引先、そして家族や友達とか、「今」すでに周りで関わっているみんなにかわいがられるような自分になることだ。

おぉ、深いな〜。本当にそうだよな！
あいさつ回りも大事だろうな。
心がけよう。

次は、②**モノ**だ。
おまいら、事業計画書は全部書いてみたか？

うん。書いてみたよ。ニャン吉先生！
あとで事業計画書送るから見てくれよ。

私もお願い。

しょうがない……。
見てやるニャ！
そして、遠慮なく、ビシバシ指摘してやるニャー！

げっ、また厳しくされる予感。

楽しみにしているニャー！

ねぇ、事業計画書って、絶対に書かなきゃダメなもの？
私の場合、公庫からお金借りたりしないんだけどね。

第 8 章　大事なのは準備と行動

じゃあ、質問だ。
事業計画書は何のために書くものだ？

え？ だから、お金借りるためでしょ？

それだけじゃない！ 自分のためだ！

自分のため？

そうニャ。
ワシが提供している事業計画書のフォーマット（ダウンロード先は巻末を参照）は、起業するにあたって考えておかなければならないことを全て網羅している。つまり、構想に漏れがあったり、間違っていないかを確認するために書くんだ。

なるほどねぇ。やってみることにするね。

そうなんだね。じゃあ、私も書いてみることにします。

うむ。まずは文章のところだけでも書いてみろ。
「誰に」「何を」「どのように」を中心として、提供する商品・サービス自体とか、営業、マーケティングとか、「モノ」、つまり事業の根本のところを細かく確認していくんだ。

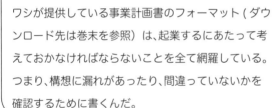

203

うん。ボクもやってみる。あとで送るね。

次！ ③**カネ**だ。
事業計画書では文章の他に、数字の部分もある。
ここをちゃんと埋めて、計画する必要があるぞ。

あぁ、数字の部分でしょ〜。ここ難しくてさ。

それは無理もない。
起業するのは誰でもはじめてだろうし、事業計画書を書いたことがあるヤツなんてほぼ皆無だろうからな。
書けないヤツは、できるところだけでもいいから埋めて、まずは送ってこい。

うん。やってみる。

あと、カネと言えば、最低限、気をつけることがある。
前に話したように、自己資金を最大限にすること、
お金の管理に気をつけることとかだ。
滞納とか余分な借金とかそういうのも要注意。
おまいら、このあたりはどうだ？

第 8 章　大事なのは準備と行動

オレは、滞納とかは大丈夫だな。
問題は自己資金なんだけど、大叔父に相談したら、
お金出してくれることになってさ。
なんとかなりそうだよ。
あとは融資だな。

私は出資してくれる人が見つかって、
なんとかなりそう。

ボクも、コツコツ貯めてきたのがあるし、
滞納とかすごく気をつけているよ。

そうかそうか。よかった！
じゃあ、おまいら、起業に向けて次のステップに進めるな。

そういえばさ、10年前に起業した先輩に言われたんだけど、公庫の融資なんて簡単に通るって聞いたぞ。

うむ。よくある話だ。

どういうこと？

205

起業を取り巻く状況も3カ月もすれば、大きく変わる。法律や制度、ビジネスそのもののトレンドもだ。
日々大きく変化していくものだ。
いろんな人の言うことを鵜呑みにしてたら危険だぞ。

そうだねぇ。世の中の変化も早いもんなあ。

これだけ情報があふれた時代だ。
大事なのは最新の情報、正しい情報を
ちゃんとタイムリーに知ることだ。
それが**④情報**の部分だ。

どうすれば一番確実ですか？

信用できる人が発信している情報を厳選して参考にすることだ。
できれば、起業支援の専門家に直接会って相談してみることだな。

ニャン吉先生がいれば安心ね。

うむ。おまいらはついているニャ～。
ただ、情報収集するだけではなく、実際に行動してみることも重要だ。

第 8 章　大事なのは準備と行動

一番ダメなのが、セミナーに参加したり、本を読んだりして、わかった気になること。

 うわ！ なんか耳が痛い。

だろうな。
知っていることと実際にできることは、
まったく別次元だ。

 何からはじめればいいかな？

業界のことや競合他社のことを実際に調べる、事業計画書を作成してみるなど、小さなことから行動していけばいい。

 うーん。やってみるよ。

起業 1 年前からやっておくべきことを「モデルスケジュール」としてまとめたのがあるから使え。

 おぉ、ありがとう！

■ 起業1年前からの準備　モデルスケジュール

起業1年前〜6カ月前	起業6カ月前〜3カ月前	起業3カ月前〜1カ月前	起業1カ月前〜起業直前	起業後
ぼんやりと方向性を打ち出す	構想を具体的に固める	起業準備を本格化	起業準備の仕上げ	事業を軌道に乗せるため行動
■市場ニーズを研究する ■本やセミナーなどで情報収集 ■一度、専門家に相談 ■退職時期・仕事の引継ぎを検討 ■お金の管理をしっかりとする	■テストマーケティング・ヒアリング ■自己資金をいくら用意できるか確認 ■業界の成功者の研究 ■競合調査をはじめてみる ■物件探しをはじめてみる ■許認可や法律関連を調べる	■退職する旨を告げ、引継ぎを本格化 ■事業計画書を書きはじめる ■物件探しを本格化 ■当てはまる補助金の調査	■会社設立準備 ■事業計画書を仕上げる・融資申請書類準備 ■名刺・Webサイトなどを仕上げる ■営業準備を本格化	■銀行口座開設 ■税務署等届出 ■融資申込 ■補助金申請 ■社会保険手続き ■本格的な営業活動

いいわね。これ！

ただ、個別の事業でかなり違うから、参考程度に見ておけ。
こんなスケジュール感じゃなくて、1カ月で全ての準備を済ませるヤツもいるからな。

第8章 大事なのは準備と行動

オレの場合はそっちかも。
ニャン吉先生、物件の契約とか融資についてさ、またあとで NYAINE で連絡するよ。

おう。待ってるぞ。

それからさらに半年後……NYAINE でニャン吉先生から召集がかかり、週末に代々木公園で集まった。

みんな、ひさしぶりだな。
●月●日にお店のオープンが決まったんだよ。
ぜひ、みんなをオープンの日に招待するよ！

わぁ、おめでとう！

お、いよいよだね。おめでとう！

おめでとう！ 参加するわ。

いよいよね。楽しみにしてるね。

ありがとう!
ニャン吉先生、融資とか、ここまでのサポート、ありがとう。ニャン吉先生も当日、来てくれるよね?

うむ。もちろんニャ。
楽しみにしてるニャ。

オープン当日……

おぉ。見えてきた! あそこだよね。
なかなかおしゃれな店じゃないか

代々木公園から徒歩8分。
　商店街の一番外れにあるが、渋谷に抜ける道沿いにあり、飲食店が多く人通りもある人気エリアだ。

　小さなオープンテラス付きのおしゃれな店構え。
　ランチはピザとパスタが強みで、夜は数多くのワインを手軽に楽しめるのが売りのようだ。
　すでに店内には客が溢れている。席も8割は埋まっている。

第8章　大事なのは準備と行動

 おめでとう！！

みんな来てくれてありがとう！

よかったね！ いよいよこれからだね。

うん。みんな今日は、楽しんでいってくれよな。
あ、今日はニャン吉先生も来てくれるのかな？

どうだろ？ 来るって言ってたよね？

(ニャ～～～～～～～)

あっ！ 今の声は？

うむ。来たぞ。
ひとまず、めでたい！

ニャン吉先生ありがとう！

いい店だな。準備で、苦労もあったろう。
ただ、店を持つことがゴールではない。
まさにこれからだ！

うん。がんばるよ！ ニャン吉先生ありがとう！！

ニャン吉先生も一緒に楽しめるように、みんなはオープンテラス席に通された。

　本場ナポリから取り寄せたという石釜で焼いたピザは絶品だった。

　ワインも楽しみつつ、ニャン吉先生との出会いから、ここまでの思い出話に花が咲いた。

　忙しく動き回る剛司を見つめて、ニャン吉先生も目を細めている。

おまいら、どうだ？
自分も早く剛司に続こうと思っただろ？

うん！
不安もあるけどさ、やってみることにするよ。

そうニャ。**とにかくやってみること。**
一歩でも半歩でも、前に進むことが大事なのだ。

そうね。ちょっとずつでも行動しないとね。
また、セミナーとか交流会とかにも参加してみようかな？

うむ。いいことだ。
そもそも、みんなとも、起業セミナーの帰りに
出会ったんだもんな。

第8章 大事なのは準備と行動

そうだったね。

私も副業をスタートすることにしますよ。

私も走りだすね！

うむ。どんなことをはじめるにせよ、
とにかくスピードと行動だ！
「仮説と検証を高速回転で繰り返すこと」
その先に成功がある。
迷ったり、困ったりしたら、ワシに相談しにこい。
多少厳しいことを言うかもしれないが、それは愛情だ。
恐れることはない。
志ある者を応援することに労は惜しまないぞ。

**ありがとう。
ニャン吉先生！
これからもよろしくね！**

「ココだけは覚えとけニャ！」
8章のまとめ

① 人脈とは名刺の数ではないと知る

②「今」すでに周りで関わっているみんなにかわいがられる自分になる

③ 事業計画書は自分自身がビジネスを多方面から確認するために書く

④ 自己資金を最大限にし、日頃からお金の管理を慎重にする

⑤ 起業を取り巻く環境は常に変化する。最新情報を仕入れる

⑥ ネット上のウワサではなく、信用できる人の情報を参考にする

⑦ わかった気分になるだけでなく、実際に行動してみる

⑧ 起業準備のモデルスケジュールを頭に入れる

⑨ 仮説と検証の高速回転が成功への道だと心得る

第8章 大事なのは準備と行動

 起業準備　行動チェックリスト

☐ 人脈の大切さを再確認したか

☐ 事業計画書を実際にざっくりとでも書いてみたか

☐ 信用できる情報源はどこか、自分なりに決めたか

☐ 頭でわかった気分になるのではなく、一歩ずつでも行動しているか

☐ 起業の時期と準備計画について、実際の日付に落とし込んでみたか

☐ このまま起業せずに一生を終えて後悔しないか、自問自答してみたか

☐ 自分には起業はムリだと決めつけていないか

～ニャン吉先生から読者のみなさんへ～

　ネコだって、人間だって、人生（猫生）は短か～～～～いっ！ボーッとしているうちに終わってしまうものだ。
　今！この瞬間だって！
　人生（猫生）の残りの時間は1秒1秒と少なくなっていくのだ。

　想像してみるのニャ。
　死を迎えた瞬間を。
　後悔しない人生（猫生）を生きたと言えるのかを。

「でも、もう今からでは遅いのでは？」
　人間の世界でも、猫の世界でも、そういうことを気にするヤツはいるニャ。
　周りでそんなことをささやくヤツだっているに違いないニャ。
　でも。でも。
　でもでも！！
　誰に何と言われようと関係ないニャ～！　だって！　おまいの人生はおまいのものじゃないか。
　好きなこと、やりたいことを、後悔しないように思いきりやるべし！
　くじけそうになったらワシのところに相談しにくるといいぞ。
　ワシも応援してるニャ。
　おまいら、がんばれニャ。

ニャン吉より

著者への「起業相談」&「事業計画書ダウンロード」のご案内

○ 税理士などの士業やコンサルタントに相談できる内容

・起業相談・個人事業か会社設立かの選択・会社設立のサポート・創業融資の可能性診断・あてはまりそうな補助金、助成金のアドバイス・創業融資、補助金、助成金の申請サポート・税務署、年金事務所などへの提出書類の作成提出代行・経理税務体制の確立・税務申告・人事労務対応・許認可・契約書作成・集客マーケティングのアドバイス・販売先や業者など人脈の紹介

○ 専門家に相談するメリット

・失敗しそうな点を事前に洗い出し対策することができる
・本業以外の各種手続きに掛かる手間を大幅にカットできる
・起業全体を熟知した専門家から自分で気づかないようなアドバイスを期待できる
・創業融資や補助金の確率を上げることができる
・事業に関する幅広い人脈を得られる可能性がある

○ 著者への無料相談の申込み方法

■無料相談の案内

（全国対応、電話相談、skype・ZOOM 相談も可）
https://v-spirits.com/　ブイスピリッツで検索
TEL.03-3986-6860

■セミナー、交流会の案内

https://v-spirits-kigyocollege.com/

※創業融資にも使える「起業に特化した事業計画書」は、著者のホームページにて無料でダウンロード可能。

https://v-spirits.com/download

■著者略歴
中野 裕哲（なかの ひろあき）

起業コンサルタント®、税理士、特定社会保険労務士、行政書士、ファイナンシャルプランナー（CFP®、一級ファイナンシャルプランニング技能士）。
起業コンサル V-Spirits グループ代表（税理士法人・社会保険労務士法人・行政書士法人・株式会社V-Spirits／V-Spirits 会計コンシェル・給与コンシェル・FP マネーコンシェル・経営戦略研究所株式会社）。株式会社ハンズオン 代表取締役。
起業家支援をライフワークとし、起業準備から起業後の経営に至るまで、窓口ひとつでまるごと支援する。「起業支援を通して、この国を挑戦者であふれる国にしたい！日本を元気にしたい！」という理念のもと、年間約300件の起業相談を無料で受け、多くの起業家を世に送り出している。
日本最大級の起業支援ポータルサイト経済産業省後援 DREAM GATE にて9年連続相談件数日本一。起業の最前線、現場での支援経験に基づく独自の起業・独立ノウハウに定評がある。

All About「起業・会社設立のノウハウ」（オールアバウト社）にて公式記事執筆を担当。その他、TV、雑誌、新聞等の各種メディアにて起業に関する解説実績多数。著書・監修書は『一日も早く起業したい人が「やっておくべきこと・知っておくべきこと」』（明日香出版社）、『オールカラー 個人事業の始め方』（西東社）、『オールカラー 一番わかる会社設立と運営のしかた』（西東社）など多数。
専門分野はビジネスプランのブラッシュアップ、事業計画書作成指導、創業融資、助成金・補助金の申請支援、税務会計、人事労務、会社設立、許認可サポートなど。その他にもオフィス・店舗物件探し、ブランディング、マーケティング、メディア戦略、出版戦略、集客・販促などのアドバイス、人脈の紹介まで行う。

本書の内容に関するお問い合わせ
明日香出版社　編集部
☎(03)5395-7651

ネコ先生がやさしく教える　起業のやり方

2020年 2月22日 初版発行

著　者	中野　裕哲
発行者	石野　栄一

〒112-0005 東京都文京区水道2-11-5
電話 (03)5395-7650（代表）
　　 (03)5395-7654（FAX）
郵便振替 00150-6-183481
http://www.asuka-g.co.jp

明日香出版社

■スタッフ■　編集　小林勝／久松圭祐／古川創一／藤田知子／田中裕也
　　　　　　　営業　渡辺久夫／奥本達哉／横尾一樹／関山美保子／藤本さやか
　　　　　　　財務　早川朋子

印刷　株式会社文昇堂
製本　根本製本株式会社
ISBN 978-4-7569-2072-0 C0034

本書のコピー、スキャン、デジタル化等の無断複製は著作権法上で禁じられています。
乱丁本・落丁本はお取り替え致します。
©Hiroaki Nakano 2020 Printed in Japan
編集担当　久松圭祐

起業を考えたら必ず読む本

井上達也 著

創業25年、徒手空拳で会社をいちからたたき上げ、強くしてきた自負があるからこそ書ける、起業のアドバイス本。起業を思い立ったらやること、決意して会社を辞める前にやっておくこと、会社を作ったらやること、負けず成功するために心に刻んでおくことなどのアドバイスを紹介。

ISBN978-4-7569-1855-0

B6並製　248ページ　定価：本体1500円+税

社員ゼロ！きちんと稼げる 「1人会社」のはじめ方

山本憲明 著

サラリーマンとして働いているが、この先独立して自分自身で食って生きたいと考えている。でも、失敗するかもしれないし不安だ……という方は多いでしょう。でも大丈夫。身の丈に合った堅実な働き方が成功の糸口です。独立・起業をめざして、どのように進めていけばいいかをまとめました。

ISBN978-4-7569-2052-2
B6並製　248ページ　定価：本体1500円+税

起業して３年以上
「続く人」と「ダメな人」の習慣

伊関淳 著

３年で半数近くはリタイアするという起業家の世界の厳しさを、あなたは知っていますか。
起業したい人はまず何からはじめればいいのかという疑問に応えた一冊。「起業の決意」「会社にいながらやるべきこと」「お金」「アイデア」などなど、50項目を対比構造で紹介していきます。

ISBN978-4-7569-1646-4
B6並製　240ページ　定価：本体1500円＋税

会社を辞めずに
朝晩 30 分からはじめる起業

新井一 著

将来的には『起業』して一本立ちをしたいが、今の仕事を捨ててやるのは自信がないという人も多いでしょう。そこで、まずは会社員をしながら自分の考えたビジネスを試してみて、うまくいくようだったら起業する方法をまとめました。そのために、平日の朝晩 30 分と週末だけ自分の会社を運営する方法。

ISBN978-4-7569-1900-7

B6 並製　256 ページ　定価：本体 1500 円 + 税

一日も早く起業したい人が「やっておくべきこと・知っておくべきこと」

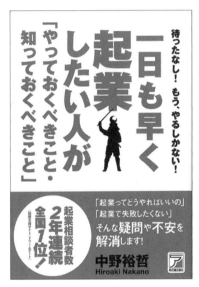

中野裕哲 著

起業相談サイトの相談者数 NO.1 の著者が教える起業成功のノウハウ。どんな職種で起業すればいいのか、起業前にどんなものを用意すればいいのか、どんな心構えが必要なのかをまとめました。会社勤めをしながら起業の準備をして、いち早く事業を軌道にのせよう。

ISBN978-4-7569-1609-9

B6 並製　256 ページ　定価：本体 1500 円＋税